政権交代の夏

検証・参謀たちの攻防

神奈川新聞報道部　編著

神奈川新聞社

まえがき

２００9年8月の総選挙。民主党が大勝した。自民党が冷戦期を通して築き上げた、政官業ともに潤う55年体制の強固な集票システムは、意外なほどもろかった。本格的な政権交代を先進国中で唯一なし得ていなかったのが日本。まず間違いなく、近・現代の政治史に大きく刻み込まれることになるであろう、「歴史的転換の選挙」だったといえる。

政権交代がなぜ起きたのか。報道各社の多くは、有権者が自民党の存在意義ともいえる経済成長戦略に期待が持てなくなり、目の前の生活不安を解消する新たな潮流を望んだ、との内容で報じた。それはおおよその説明にはなる。が、何かが足りない。政治は生き物であり、総選挙の結果は、政党の戦略、戦術が大きく影響する側面もあるからである。

本書「政権交代の夏」は、神奈川新聞に09年9月18日付から65回掲載した長期連載を一部加筆、修正して編んだ。民主、自民両党の選挙戦略に少なからぬ影響を及ぼした当時の民主党最高顧問・藤井裕久氏と自民党選対副委員長・菅義偉氏が、いわば本書の〝主人公〟である。藤井氏は渋谷文彦、菅氏は武田博音の両記者が担当。両氏の目線、言動を通し、政権交代の背景と鳩山政権の初期段階の一連の流れを検証したものである。加筆は、年明け早々の藤井氏財務相辞任にかかわる本書の締めくくり部分。小沢一郎氏との確執など憶測報道が飛び交う中、渋谷記者が藤井氏本人から真意を聞き取り、書き下ろした。

本書の内容は、大きく二つの特徴がある。その一つは、政権の奪取と維持、そこで対峙した藤井氏と菅氏が世論動向を直視して党戦略に一定の関与をしたことを描写することで、政権交代がなぜ実現したのか、その一端が具体的に見えてくることである。報道各社の世論調査では、09年3月の西松建設巨額献金事件を機に形勢は一変した。民主党の支持率が急激に下がる一方、麻生内閣の支持率は上昇、両党の支持率は拮抗する状況になった。これを憂い、小沢氏との関係を考えて悩みながらも、代表辞任への流れをつくったのが、藤井氏。菅氏は、麻生首相が解散へとはやると、その都度いさめ、好転への機会を待つよう説得。麻生氏らの予想外の失態で逆風が強まる中、局面打開を目指し続けた。

本書のもう一つの特徴は、政局の場面、場面で藤井氏、菅氏のそれぞれの政治信条に深く踏み込んでいることである。藤井氏は人材をそれぞれに生かす「捕手人生」を歩み、菅氏はたたき上げの「苦労人」ゆえに世襲制限を提唱した。政治的中立の観点から、政治家の信条をことさら描くことに批判があるかもしれない。しかしながら、政治は人間がやるものである。昨今の若手政治家の中には選挙をゲーム理論のように軽くとらえる向きもある。執筆した2人の記者がそこに憂いを込めていると解していただければ幸いである。

神奈川新聞報道部長　古賀　敬之

２０１０年5月

政権交代の夏　目次

政権交代の夏

1 老将

16年の感慨と重責

大きな節目の2回の発言を、老将は同じ時期の回顧から切り出した。

「今から16年前、自民党を離党し、細川内閣をつくりましたが、残念ながら1年足らずで終わってしまいました」「16年前に離党したときの理念は、日本に二大政党的な体制がないと政治が緊張感を失うということでした」

鳩山由紀夫が首相に選出される特別国会召集日、2009年9月16日朝のぶら下がり取材と、初閣議を終えた17日未明の首相官邸での記者会見。

民主党の重鎮、新財務相の藤井裕久（ひろひさ）(77)は、1年足らずで自民党の復権を許した細川、羽田内閣のような失敗を二度と繰り返さず、二大政党制を定着させる決意を語った。

鳩山の父で、大蔵省の先輩だった元外相鳩山威一郎に引っ張り出される形で政界に入って32年。小沢一郎らと1993年に自民党を飛び出す際には、師と仰ぐ元副総理の後藤田正晴からこう言われた。

「二大政党的なものにならないといけないので君らは立派なことをやっていると思う。しかし、10年はかかるぞ。我慢できるのか」

鳩山内閣の財務相に就任し、前任の与謝野馨から事務引き継ぎを受ける藤井裕久（左）＝2009年９月17日午前、財務省

10年は優に過ぎた。新進党の解党、自自公連立の解消、大連立構想をめぐる混乱…。試行錯誤を重ね、やっと今、確かな感触を得た。

組閣から一夜明けた17日昼前、真夏のような暑さに周囲の木々でセミが鳴く中、財務省の大臣室で前任の与謝野馨から事務引き継ぎを受ける。

与謝野とは、東大野球部の先輩後輩という間柄。自由党、民主党の幹事長として小沢や岡田克也を支えるなど、政界で捕手的な役割がはまるのは、中学、高校、大学と捕手を務めたことと無縁ではない。

組閣から引き継ぎまで、しわがれた声で静かに語っていたが、その声音が何度か鋭くなる瞬間があった。

17日未明、財務省内での記者会見。「民主党はマニフェスト（政権公約）で子ども手当や高速道路無料化を掲げていますが、財源の確保は大丈夫ですか」との質問が飛ぶと、「大丈夫。それができないなら、政権交代する必要がない」。

ばらまきとの指摘も受ける民主党のマニフェスト。政権の安定運営のため、財源確保などの重責を担うことになった藤井。しかし、政権をめぐる老将の正念場は、冷たい雨が雪に変わった、3月のあの日から始まっていた。

2 激震

決戦前夜の強制捜査

横浜では正午ごろ、雨が降りだした。

3月3日、神奈川県庁。知事の松沢成文は午後2時からの定例会見で歯に衣着せぬ批評を始めた。「本当に政治家の言葉が軽くなった。ぶれるどころか日替わりメニューのように言うことが変わる」

矛先は定額給付金をめぐる首相・麻生太郎の変節。高額所得者の受領を「さもしい」と批判しながら、与党からの圧力を受け一転したことを酷評したのだ。

定額給付金の問題は、自民党への批判や逆風の一部にすぎなかった。度重なる麻生の失言、財務相・中川昭一の「もうろう会見」、低迷を続ける内閣支持率…。郵政民営化に「賛成ではなかった」との麻生発言は、元首相・小泉純一郎の逆鱗に触れ、「怒るというより笑っちゃうくらい、ただあきれている」と突き放され、定額給付金関連法案の衆院再議決で造反を宣告されていた。

自民党内では「麻生降ろし」の火種がくすぶり、解散総選挙に踏み切れば、自民党は大敗するとの見通しが支配的だった。そんな中、政界に激震が走る。西松建設からの巨額献

西松建設からの巨額献金事件をめぐり激震が走る中、民主党本部を出て車に乗り込む小沢＝2009年３月３日

金をめぐり、東京地検特捜部がこの日、民主党代表・小沢一郎の資金管理団体の強制捜査に踏み切った。

小沢は党幹部会で「すべてきちんと処理している。全く問題はない」と説明。幹事長の鳩山由紀夫も「陰謀だ」と擁護したが、党の顔のスキャンダルとあって党内には動揺が走った。

ベテラン参院議員の千葉景子は「影響が出ないわけにはいかないだろう。これだけ代表への期待があるときなので、期待を裏切らず、事実関係を早く明らかにしなければならない」。県連代表の笠浩史も「政治とカネの問題は国民が厳しい目で見ている。代表自らがしっかりと説明責任を果たしてほしい」と切望した。

小沢は午後4時20分ごろ、使い捨ての白いマスクをつけ、党本部を後にした。記者団の質問には答えず、車に乗り込んだ。

横浜の雨は、みぞれに変わった。国会近くにある民主党本部ではこの夜、雪が舞っていた。

3 抗戦

検察批判と辞任否定

前日からの雪は、未明に雨へと変わった。3月4日午前9時前、民主党代表・小沢一郎は前日と同様に白いマスクをつけ、民主党本部に現れた。

西松建設からの献金をめぐり公設第1秘書が東京地検特捜部に逮捕された事件を受けた記者会見。「衆院選が取りざたされている時期の異例な捜査には、政治的にも法律的にも不公正な検察権力の行使という感じを持つ」。小沢の口をついて出たのは、厳しい検察批判だった。

「政治資金規正法にのっとって報告しており、強制捜査を受けるいわれはない。何らやましいことはない」と代表を辞任しない意向を表明。「近いうちに嫌疑は晴れる。起訴はないと信じている」とも述べた。

この日の午後、衆院本会議では定額給付金などの財源を確保するための補正予算関連法が、自民、公明両党など出席議員の3分の2以上の賛成多数で再可決、成立した。

再可決に疑問を呈し、波紋を広げた自民党の元首相・小泉純一郎は本会議を欠席。党内からの同調者は1人にとどまり、小泉の影響力低下が指摘された。

懸案の処理と小沢の不祥事。潮目の変化に、自民党内の高揚感は隠せなかった。

衆院財務金融委員長の田中和徳は「(小沢は会見で) 何も説明していない。次の首相を狙う人としてはあまりにもお粗末」。河野太郎は「不人気な小沢氏が代表を辞めたら自民党にはさらに向かい風になる」と、代表続投を歓迎してみせた。早期解散論さえ浮上し、党選対副委員長の菅義偉(すがよしひで)(60)は「粛々とやっていく。景気対策など着実に実行に移していくだけだ」と一喜一憂しない方針を示した。

対照的に民主党内の動揺は広がっていったが、「説明責任を果たし、非常によかった」と強調する議員もいた。

党最高顧問・藤井裕久。党内への影響も「ありません」と言い切った。その口調からは、1993年の自民党離党以来、一貫して小沢と行動を共にしてきた「側近」としての配慮がにじんでいた。

4 史実

帝人事件を引き合いに

西松建設の巨額献金事件で小沢一郎の秘書が3月3日に逮捕されて以降、民主党への風圧は強まる一方だった。

逮捕後、初の週末にマスコミが行った世論調査では厳しい結果が相次いだ。小沢の代表続投表明に対し、辞任を求めた回答は、朝日新聞57％、読売新聞53％、毎日新聞57％。共同通信の世論調査では61・1％で、続投支持は28・9％。政党支持率は、自民が民主を逆転した。

小沢は10日の会見で初めて国民向けに謝罪。「結果として監督責任がある」とも述べた。「政権交代のため衆院選で勝利しなければならない。今後の行動はそれを基準に判断したい」と、衆院選に悪影響を及ぼすと判断した場合は代表を辞任する可能性を示唆した。

4日後の14日、横浜駅西口にある「キャメロットジャパン」で開かれた民主党県連大会。党代表代行の菅直人もあいさつで事件に触れて謝罪した。ただ、「なぜこの時期に形式犯的な容疑で逮捕したのか」と検察への疑念をちらつかせた。

大会後、別の階にある日本料理店に、民主党最高顧問の藤井裕久、県連代表の笠浩史や、

巨額献金事件で党内が揺れる中で開かれた民主党県連大会。衆院選への影響が、何よりの懸念材料になっていた＝2009年３月14日

衆院選の新人候補予定者が顔をそろえた。

笠が呼び掛けたもので、趣旨は新人の激励。中林美恵子、橘秀徳、本村賢太郎、勝又恒一郎、後藤祐一、神山洋介といった面々が集まった。

会話はおのずと、巨額献金事件に及んだ。藤井は「この事件は帝人事件と同じだ。法務・検察の汚点になる」と戦前の事例を引き合いに、検察批判を始めた。

帝人事件とは、帝国人絹会社の株式売買をめぐる１９３４（昭和９）年の疑獄。閣僚や官僚ら16人が起訴されたが、全員無罪の判決が出て、検察ファッショとも言われた。

藤井は焼酎のビール割りなどを飲みながら、「西松事件は選挙干渉だ。絶対にやってはならない」などと続けた。

感情的ではなく、史実を踏まえ検察批判を述べた藤井だが、頭の中では、やはり歴史の重みに揺れていた。帝人事件で無罪判決が出たのは、事件から3年後だったことを。

5　懸　念

重鎮2人が認識一致

3月26日午前。民主党最高顧問の藤井裕久は、衆院第2議員会館202号室、元衆院副議長・渡部恒三の事務所を訪ねた。

藤井と渡部は、ともに1932（昭和7）年生まれ。1993年に小沢一郎らと自民党を離党して新生党に参画するなど、政治行動で多くを共にしてきた。渡部も最高顧問を務めている。

2日前には、小沢が「ないと信じている」と語っていた秘書の起訴が現実となっていた。小沢は会見で「政権交代を実現し、国民主導の政治実現を前提に今後も考えていきたい」と続投を表明。涙ながらに心境などを語った。党執行部も続投を容認したが、党内では不安が広がっていた。

「この事件は選挙干渉だ。検察はひどい」。藤井は熱い緑茶をすすりながら、渡部に向かって検察の対応を批判した。そして、約2週間前に横浜で党の新人候補予定者らに紹介をした戦前の帝人事件について語り、政局の見通しを述べた。

「だけど、帝人事件でも全員が無罪になって実態が分かるまで足かけで4年もかかった。

今回も1年ぐらいではムードは変わらない。この雰囲気のまま選挙を戦えば、結果は極めて厳しいものになってしまう」

衆院の任期満了は9月。自民党内には、民主党への逆風に乗じた早期解散論もあった。聞き役に回っていた渡部は「君の言っていることは、まったく正しい」。民主党の重鎮2人の認識が一致した瞬間だった。

翌27日。小沢は党所属衆参議員の前で続投への理解を求め、了承を得た。

だが、公然と続投に異論が出たり、「これですべて了承というのは無理がある。特定の企業から多額献金をもらう理由がよく分からない」（参院議員・水戸将史）との声も上がった。

この日は横浜でも厳しい発言が飛び出した。新生・新進党時代に小沢の下で歩み、秘書逮捕後も配慮を示してきた知事の松沢成文が神奈川政経懇話会の講演で、「小沢さんも麻生さんも身を引いてほしい。新しいリーダーに代え、勝ち比べの総選挙をやってほしい」と言い放った。

鬱屈感が強まっていった。

新進党時代に街頭演説を行う藤井（中央）。右端は現神奈川県知事の松沢成文

6 呻吟

悩める忠臣が辞任論

民主党にとって恐れていた悪影響が、ついに具体化した。3月29日、千葉県知事選で、民主党、社民党、国民新党などが推薦する第三セクター元社長吉田平が、自民党県議の約半数が支援する元衆院議員の俳優森田健作に敗れた。

西松建設の巨額献金事件で民主党代表・小沢一郎の公設秘書が起訴されてから、初めての大型選挙。

吉田陣営のボランティアは「投票依頼の電話をかけ続けたが、『小沢代表が辞めたら入れるのに』と言われ、傷ついたこともあった」。他の野党からも、「政治とカネの問題が影響して政策を浸透できなかった」(社民党選対委員長・渕上貞雄)、「民主党ががたつくのが一番困る。早く問題を収拾してほしい」(国民新党幹事長・亀井久興)と批判が上がった。

「選挙に強い」という小沢の求心力は、ぐらついた。

民主党最高顧問の藤井裕久は悩んでいた。小沢との関係と総選挙への影響の間で、呻吟していた。

1993年、小沢らと自民党を離党。小沢の方がちょうど10歳下だが、藤井は陰に陽に

自由党時代の藤井と小沢。10歳下の小沢を藤井は支え続け、「最後の忠臣」とも称された

小沢を支えてきた。多くの側近たちが離れていく中で、「最後の忠臣」とも称された。小沢も藤井を重用し、細川、羽田内閣で蔵相、自由党時代は幹事長に起用していた。

一方、党への逆風が強まる中、当落線上で歯を食いしばっている落選中の元職らの姿が浮かんだ。藤井自身も2005年の郵政選挙で落選。旧神奈川3区から衆院に初挑戦した1986年の総選挙でも敗れた経験があり、落選のつらさは身にしみている。

〈小沢さんとの関係があるので、言いたくない〉

〈このままでは、自民党と競り合っている候補が負けてしまう〉

二つの思いにさいなまれていた藤井は4月3日午後、TBSの「時事放談」の収録で、ついに切り出した。

「(西松の事件は)『検察のやり方』と『政治と金』という二つの問題が絡まっているが、峻別すべきだ。政治と金の問題は早く結論を出した方が良かった」

後々まで憶測を呼ぶことになる小沢辞任論だった。

7 知恵袋

辞任に向け地ならし

民主党最高顧問の藤井裕久が小沢一郎に代表辞任を促す発言を始めたころ、別の小沢側近も動き始めていた。

元参院議員の平野貞夫。衆議院事務局に33年間勤め、衆院議長秘書、事務局委員部長などを務め、小沢の「知恵袋」と言われる人物。神奈川18区から再起を目指す元小沢秘書の元職・樋高剛の義父でもある。

3月30日。平野、民主党副代表・石井一、新党日本代表・田中康夫らが都内のホテルに集まった。小沢の続投を前提にして話が進む中、平野は「続投で選挙は勝てる。しかし、もし、小沢が違う方針を決めたら、足を引っ張るのはやめようじゃないか」と呼び掛けた。

小沢の秘書が逮捕されてから5日後の3月8日。平野は小沢から、こんな言葉を聞いていた。「こうなるのが、俺の運命だ」

この発言から、平野は小沢がやがて辞任をすると感じ取り、地ならしの必要性を感じていた。石井らとの会談では後継にも話が及び、幹事長の鳩山由紀夫でまとめる方針を確認していた。

4月7日、小沢は代表就任3周年を迎えた。1カ月前まで政権交代の予兆に浮かれていた党内はきしんでいた。12日の秋田県知事選では、民主党県連などが支持する候補が、自民党県連などが支持する候補に敗北。野党陣営の分裂選挙だったが、民主系候補としては3月の千葉県知事選に続く連敗で、小沢の進退への影響が注目された。

藤井は4月下旬、BSの番組で、「民主党議員の多くが黙っているのは、政権交代できるかどうかが進退の判断基準だと、信じているからだ」と発言、党内の空気を代弁した。藤井と気脈を通じるもう1人の最高顧問、渡部恒三も決断を促した。

だが、小沢の真意は見えてこなかった。代表にとどまり続けるのではという疑心も広がっていた。

このころ、藤井はある財界人に面会を求めて電話をかけた。京セラ名誉会長の稲盛和夫。民主党と自由党の合併の功労者で、小沢の理解者として知られる財界人だ。

8 会 談

理解者が決断後押し

「党のことで話があります」。4月中旬ごろ、民主党最高顧問の藤井裕久は、京セラ名誉会長の稲盛和夫に電話をかけ、面会を求めた。藤井は京都に出向く考えだったが、稲盛は「京都まで来られるには及びません。私が東京に出るとき、お会いしましょう」と応じた。

民主党と自由党の合併の功労者といわれる稲盛。2003年夏の民主党のパーティーで、来賓として自由党党首の小沢一郎らも出席する中、「国民のため大同団結を」と提唱。08年秋の民主党大会では、「民主党の政策は財源が明確でないと批判されるが、新しいことは条件がそろってできるのではない。夢、目標、思いがあり、努力することが必要で、それが絶対条件だ」とエールを送っている。

小沢の理解者として知られる稲盛。偶然だが、稲盛も藤井、渡部恒三と同じ1932(昭和7)年生まれである。

5月9日、土曜日。東京駅近くの八重洲にある京セラ事業所の応接室で、藤井は稲盛と向き合った。

小沢の秘書が逮捕されてから2カ月余り。民主党内で「小沢降ろし」が先鋭化することはなかったが、動揺は続いていた。小沢とのポスターを張り替える候補も相次いだ。

元職田中慶秋と新人後藤祐一は政調会長代理の長妻昭とのポスターを掲示。元小沢秘書の元職樋高剛は参院議員蓮舫とのポスターを作った。樋高は「一部支援者の意向があったため。掲示しているほとんどは代表とのものだ」と述べたが、波紋が広がった。4月下旬の名古屋市長選では民主党推薦候補が勝ったが、辞任論は収束しなかった。

藤井は「党内では、小沢さんに代表を『辞めてください』という人と、『自身でお辞めになるだろう』と考えている人と、『お辞めになるといいな』という人を合わせると、8割になると思います」と説明した。稲盛は「分かりました。小沢さんと会います」と引き取った。

2日後の5月11日夕。小沢の記者会見がセットされた。秘書逮捕から69日後、代表辞任会見だった。

9 老 熟

影響力の温存も狙い

「自ら身を引くことで党の団結を強め、挙党一致をより強固なものにしたい」。5月11日夕、民主党の小沢一郎が緊急会見で、代表辞任の意向を表明した。巨額献金事件で秘書が逮捕されてから69日。事件について「支持者の方に心配を掛けたことをおわびする」と陳謝したが、「一点のやましいところもない。政治的な責任で身を引くわけではない」と強調した。

小沢の辞任表明に、多くの民主党衆院選候補予定者は安堵した。

実施したアンケートで3分の2が代表辞任を求めた結果に応じ、街頭で辞任を要求するチラシを配った新人の後藤祐一は「政権交代の大義のため、自らを捨てるのは政治家のあるべき姿」と評価。有権者から「代表が辞めなければ（民主候補の）話を聞く気もしない」と言われた新人の横粂勝仁は「自民の古い政治との違いを示せる新代表が就任してほしい」と期待を寄せた。

事件直後から小沢の辞意を感じ取り、環境整備をしていた「知恵袋」の元参院議員・平野貞夫。「政権交代を絶対成功させる条件で辞めないといけなかった。小沢は辞めないような発言をするなど演じ切った」と振り返った。

そして、最高顧問の藤井裕久。小沢の決断を「評価したい」と述べたが、これまでの発言には別の思いも込められていた。

党内が動揺し、藤井が辞任論を唱えていた4月下旬の23日。藤井は衆院議員会館の事務所で明かした。

「代表を辞任しても総選挙で勝てば、『小沢さんが辞任したおかげ』と歴史に名を残す。影響力も残る。しかし、選挙に負ければ、代表であったとしても終わり。影響力も残らない」

「小沢再登板のために尽力するのか」との質問には、「当然だ」。老熟した狙いが辞任論の裏側にあった。

藤井はかねて、「平成の20年間、政治を裏で動かしてきたのは小沢さんと野中（広務・自民党元幹事長）さん」と語っていた。その小沢が退いた初夏、一方の野中が書簡を送った政治家がいた。自民党選対副委員長の菅義偉である。

10 書簡

武闘派からの激励

「自民党を担っていくことを期待しているので、急ぎすぎず、自重しながらやってほしい」

自民党の選対副委員長として、政権を懸けた「天下分け目の決戦」の陣頭指揮を取った菅義偉のもとに、ある書簡が届いたのは、党への逆風が吹きやまず、解散戦略をめぐる攻防が激しさを増した初夏のころだった。

差出人は、すでに政界を去っていた野中広務。かつて「影の総理」とまで呼ばれた〝武闘派〟からの突然のメッセージだった。

そこには、番記者との関係など、先輩としてのアドバイスがつづられ、こうもしたためられていた。「君はまだ若く将来があるのだから、自分と同じ失敗はしないでほしい」

永田町で2人の接点はほとんどないが、政治家としての生い立ちには共通点も多い。お互い地方議員を経験。国政に転じたのは野中が57歳、菅が47歳。「遅咲き」の「たたき上げ」同士だ。

胆力と行動力で権力の階段を一気に駆け上がった野中の存在は、菅にとっても「10歳も

安倍政権誕生で総務相として初入閣を果たし、官邸入りする菅義偉＝2006年９月26日

後から（国政に）入り、官房長官や幹事長まで上り詰めた」と一つの励みになっていた。

自民党では当選5回以上でようやく「大臣候補」との不文律があると言われていた。だが、菅は4回ながら表舞台に躍り出た。２０６年の総裁選。中堅・若手による派閥横断的な「再チャレンジ議連」を結成し、安倍政権誕生の流れをつくり、総務相に抜てきされた。

翌年の内閣改造に伴い、党選対総局長に。福田政権では党選対副委員長として、来る衆院選に向けた「要」のポジションに引き続き就いた。

そして、党内から「選挙の顔」として期待を集めて最高指導者に上り詰めた麻生太郎に重用され、首相が握る「伝家の宝刀」に影響を及ぼすまでに至る。

くしくも、かつて野中が死闘を繰り広げた「剛腕」小沢一郎に、麻生の信を得て対峙することになった菅。そのきっかけは2年前にさかのぼる。

11　出会い

信を得る反骨精神

「各候補者の得票数は福田康夫君330票、麻生太郎君197票であります」。首相だった安倍晋三の電撃辞任に伴う2007年9月の自民党総裁選。選挙管理委員長の臼井日出男が開票結果を読み上げると、党本部8階のホールを埋め尽くした国会議員からは、「オー」との、どよめきの声が上がった。

福田勝利への歓喜というよりも、麻生善戦に対する驚きの反応だった。麻生派を除く全派閥が福田に雪崩（なだれ）を打つ中、麻生は国会議員票も麻生派所属の16人を大きく上回る132票を獲得。新総裁の誕生は同時に、麻生がポスト福田の最有力であることを強く印象づける結果となった。

「麻生太郎を徹底して応援しよう」。選対総局長の菅義偉は外交姿勢などに共鳴し、心に決めていた。所属の古賀派に抗い、早くから支持を明確にすると集票にひた走った。それは、菅の真骨頂ともいえる「反骨精神」でもあった。

当選1回だった1998年。所属していた小渕派から領袖（りょうしゅう）の小渕恵三が総裁選に出馬した際、派閥を飛び出してまで元幹事長・梶山静六の支援に回った。「派閥の意向を優先す

自民党総裁選後に万歳する新総裁の福田康夫（中央）と麻生太郎（左）＝2007年９月23日

る政治家が多すぎる」と悔しさを肌身で感じたからこそ、今回の善戦は「古い自民党に戻しては駄目だという国民の声が票に結びついた」と自賛した。「197」は菅の心にも深く刻みつけられた。

「そこまでほとんど付き合いもなかった。その意味で側近でもない」。この総裁選をきっかけに、麻生から信を得ることになった菅は「何でもずけずけと言う、今までそういう人が周辺にいなかったから麻生さんには新鮮に思えたのではないか」と受け止めている。

その麻生は直後、月刊誌「文芸春秋」に寄せた手記で、甘利明や中川昭一に菅を加えた3人の協力が「新生保守を残そうとする選挙戦の大きな礎となった」とし、次期総裁選に向け、早くも快気炎を上げたのだった。「男は何度でも勝負すると言ったのは三木武夫元首相だったが、問われるまでもなく、保守再生のためもちろん何度でも戦う」

12 決断　組閣後直ちに解散も

2008年8月2日の内閣改造に伴い、当時首相だった福田康夫から請われ、自民党幹事長に就任した麻生太郎。「ちょっと話していかねえか」。約1週間後、党本部4階の自室に前経済産業相の甘利明を招き入れた。

「福田さんは、ある時突然辞めると思う。準備をしてください」。甘利が切り出すと、「本当に辞めるかな」と首をかしげた麻生だったが、「あの人はすぱっと辞める。自分だけの考えで選挙シフトの組閣をしてください。直ちに解散ですよ」と振られ、「分かっている」と応じたという。

2人の密談は続いた。今度は麻生が「所信（表明の）質疑はした方がいいんだろうな」と踏み込み、甘利は「それはやらなければならないでしょう」。景気対策についても「メニューを示すだけでいい」と確認し合った。

甘利の読み通り、福田は9月1日午後9時半から緊急会見を開き、突如辞任を表明する。麻生の最側近で副幹事長の松本純でさえ、夜になって「辞任説」を知り「あわてて横浜からタクシーで党本部に向かった」ほど。前首相の安倍晋三に続く「政権投げ出し劇」となっ

記者会見で辞意を表明し、厳しい表情を見せる首相の福田＝2008年９月１日

た。

こわばった表情を浮かべ、会見に臨んだ福田は「新しい布陣の下、政策の実現を図らなければならない」と説明。記者から「人ごとのようだ」と問われると、「わたしは客観的に見ることができる。あなたとは違うんです」と気色ばんだ。低迷し続ける支持率。ねじれ国会を乗り切る展望が開けず、政権運営に行き詰まった中での決断だった。

麻生は9月2日、「受ける資格があると思う」と早々に総裁選への出馬を表明。与謝野馨、小池百合子、石原伸晃、石破茂も次々に名乗りを上げたが、戦前の予想通り「選挙の顔」の期待を集めた麻生が圧勝し、24日、新首相に就任した。

前回の総裁選に続き、麻生の推薦人に名を連ねた選対副委員長の菅義偉も慌ただしく動いていた。麻生が就任直後の解散意向を固め、「伝家の宝刀」を抜く決断をしたからだ。だが、同時に菅の心の中には暗雲が立ち込め始めていた。その濃さは日ごとに増すばかりだった。

13 煩悶

経済対策優先を進言

麻生太郎が首相に就任した2008年9月。自民党選対副委員長・菅義偉の手帳の「11月2日」に、新たに○印が付け加えられた。冒頭解散を固めた麻生の意を酌み、投開票の想定日を示したものだった。

総裁選告示直前の9月8日には、菅も神奈川政経懇話会の講演で「(福田康夫の)退陣で潮目が変わってきた」と指摘。総裁選についても「総選挙に直結するとの位置付けで政策をアピールしたい」と早期解散の可能性をにじませていた。

だが、総裁選さなか世界的不況の発端となった「リーマン・ショック」が起き、国内も「未曾有」の経済危機にのみ込まれつつあった。「経済対策を優先すべきだ」。日ごとに悪化する景気を目の当たりにし、菅の心は傾いていた。

そして、麻生に水面下で進言をし始める。「こんな中で解散をすれば、責任を問われる」「北海道拓殖銀行がつぶれて全体の経済がおかしくなった。解散後に銀行が破綻(はたん)する事態になれば、日本は大変なことになる」

一方、10月に入ると、与党内では「11月30日衆院選論」が勢いを増す。麻生が月刊誌「文

神奈川政権懇話会で講演する菅。新首相の所信表明直後の解散を想定して準備を進める考えを示した
＝2008年９月８日、横浜市内

芸春秋」で「国会の冒頭、堂々と政策を小沢代表にぶつけ、賛否をただしたうえで国民に信を問おうと思う」と記していたことも明るみに。

幹事長の細田博之が「間違いなく11月中」と発言すれば、選挙準備に奔走する衆院議員の間からは「総理の腹の中は『間もなく』」（田中和徳）「経済のかじ取りを誰に任せるか信を問うことは必要」（公明党・上田勇）などの声が上がった。

「解散」か「見送り」か――。菅の目に映ったのは、麻生が後に語った「どす黒いまでの孤独」の中、煩悶する最高権力者の姿だった。周囲によると、それでも菅はこのころ、関係者と連絡を取っては「（首相を）絶対に止める」とすごみをみせていたという。

日経平均株価が史上２番目の暴落を記録した10月16日の夜。ある会合が都内のホテルで開かれた。後に解散戦略に大きな影響を与えたとされる鳩首会談だった。

14 鳩首

進言通り解散見送り

2008年10月16日夜、東京・赤坂のANAインターコンチネンタルホテル東京の中華料理店「花梨」。首相に就任して1カ月弱の麻生太郎が座る円卓を、選対副委員長の菅義偉、行革担当相の甘利明、財務相の中川昭一が取り囲んだ。

一部では頭文字から「NASAの会」と呼ばれた親麻生のメンバーだった。

「今はやるべきでない。経済対策を優先すべきだ」「調査結果で、いけるタイミングをつかんでください」。3人は口々に解散の先送りを求めた。麻生は決して首を縦に振ることはなかったが、神妙な面持ちで耳を傾けていた。

先送り論の背景には支持率の伸び悩みもあった。共同通信社の世論調査では、麻生内閣発足当初の支持率は48・6%。党内から「選挙の顔」として選ばれたにもかかわらず、福田内閣発足直後の57・8%を下回った。失言による閣僚の辞任も重なり、「ご祝儀相場」も低空飛行となっていた。

さらに、深刻だったのは自民党が独自に実施した選挙区情勢調査だった。自公両党で合わせても、わずかに過半数割れとの結果が出ていたからだ。

追加経済対策、衆院解散について記者会見する首相の麻生＝2008年10月30日、官邸

「5ポイント差以内の激戦区が非常に多かった」ため、先送り論には「逆に景気対策によって、全体を5ポイントかさ上げさえすれば、自民単独過半数も夢ではないとの欲が出ていた」との側面もある。

「政局より政策、何より景気対策という声が世論では圧倒的に多い」。鳩首会談から、2週間後の10月30日。麻生は会見を開き、事業総額約27兆円の追加経済対策を発表。ようやく公の場で、解散の当面先送りの考えを表明した。

この日の朝、横浜市内には満足げな表情を浮かべる菅の姿があった。街頭演説では「世界金融危機という非常事態。なんといっても景気対策が最優先。麻生首相は全力で取り組んでいる」と声を張り上げた。

自身の強い主張が認められる形で決まった「先送り」。一方で、菅にとっては、党内から厳しい視線を受けながら、その責任論と隣り合わせで局面打開を目指す長い戦いの始まりでもあった。

15 敵失

崖っぷちから攻勢に

定額給付金をめぐるドタバタ、財務相・中川昭一の「もうろう会見」…。２００９年の年明け以降も、反転攻勢への糸口をつかみあぐねていた自民党にとって、民主党トップの不祥事は降ってわいたような「敵失」だった。

民主党代表・小沢一郎の秘書逮捕から6日後の3月9日。横浜市中区のローズホテルで開かれた自民党の県連大会と衆院選決起大会は、むせ返るような熱気に包まれた。

県連会長としてあいさつに立った選対副委員長の菅義偉は、９００人（主催者発表）の参加者と県内の次期衆院選立候補予定者を前にボルテージを上げた。「国策捜査として日本の民主主義を否定するような政党に負けるわけがない」

菅の発言は、秘書逮捕について「不公正」と検察批判を展開した小沢をあげつらい、痛烈に批判したものだった。逮捕直後は「粛々と景気対策などを実行に移すだけ」と静観の姿勢を決め込んだものの、風向きの変化を感じ取り、この日は反撃への旗を振ってみせた。

来賓の幹事長・細田博之も麻生内閣の支持率に触れ、「だいぶ下がったのが上昇気流にある。反転攻勢だ」とぶち上げた。

2月の共同通信社の世論調査では支持率が13・4％にまで下落。2009年度予算案が衆院を通過すると、元幹事長の武部勤が公然と退陣論を唱えるなど、「麻生降ろし」の動きまで顕在化。首相の求心力低下は目を覆うばかりだった。

秘書逮捕翌日の夜、都内の日本料理店で食事をともにするなど、麻生太郎と少なくとも2回の会談を重ねた菅は22日、自身の出身地でもある秋田県で講演すると、再び小沢批判を繰り出した。

秋田県では4月に対決型の知事選が控えていた。小沢の秘書逮捕まで、地方選で劣勢続きだったこともあり、小沢の影響力が大きい東北での前哨戦に勝ち、追い風を確かなものにしようとの狙いがあったのは明らかだ。

さらに菅は報道陣が詰め掛けた会場で、新たなシナリオまで披露する。「5月は解散総選挙の大きなヤマとなる。やれる環境が出てくるのか出てこないのか、そういう状況になる」

16 萌　芽

解散に向け臨戦態勢

「完全に風が変わってきた」。民主党代表・小沢一郎の秘書逮捕をきっかけに、自民党選対副委員長の菅義偉が感じ取っていた手応えは結果となって表れた。3月29日の千葉県、4月12日の秋田県の両知事選で、自民系候補が立て続けに勝利をもぎ取ったのだ。

菅は喜びを隠さなかった。「山形県など対決型の首長選で民主候補に負けていたので、歯止めをかけた意義は大きい。首相の政策に安心感が出てきたのも一因だ」。そして、腹の中では「解散は5月から8月」と臨戦態勢を敷き始める。

報道各社の内閣支持率もじわり上昇の兆しをみせた。共同通信社が3月下旬に実施した世論調査では23・7％と、小沢秘書逮捕前から10ポイント以上持ち直した。まだまだ低空飛行に変わりはないものの、昨年12月から小沢がリードしていた「どちらが首相にふさわしいか」でも、首相の麻生太郎が久しぶりに逆転した。

4月18日に都内の新宿御苑で開かれた恒例の「桜を見る会」。補正予算案を含む追加経済対策を発表したばかりの麻生は、こんな自作の歌を披露する。「ふるさとに　はや桜満つ　ゆゑ問へば　冬の寒さに　耐へてこそあれ」

麻生は春先、補正予算のメニューを掲げて解散を模索していた節もあったが、マスコミの目を忍んでは麻生と密会を重ねた菅は、「しっかりと補正予算を成立させてから解散を」と耳打ちし続けていた。

「支持率が30％超えれば戦える。戦える状況になってきているんじゃないですか。補正が成立したら、総理がやりたいときにやればいい」。政権浮揚の萌芽を感じた菅が神奈川新聞社のインタビューに答えた大型連休前の4月下旬。その支持率は同時期、29・6％にまで回復した。菅が分水嶺としていた3割は目前に迫っていた。

だが、大型連休中、菅の携帯電話が風雲急を告げるメールを受信する。小沢がおかしい——。送信者は麻生。その予感通り、小沢は連休明けの5月11日、緊急会見を開く。「自ら身を引くことで党の団結を強めたい」。電撃的な代表辞任表明だった。

17 代表選

深い縁の2人が出馬

西松建設からの巨額献金事件をめぐる小沢一郎の代表辞任に伴う民主党代表選には、幹事長・鳩山由紀夫、副代表・岡田克也の2人が出馬を表明した。

2人が正式に立候補を表明した5月14日。鳩山のもとで副幹事長を務める県連代表の笠浩史は「選挙に勝つためにも、より強い挙党態勢をつくらねばならない。人の和をつくれるのは鳩山さんだ」。各種世論調査では岡田に人気が集まっていたが、「鳩山代表のもと岡田幹事長という二枚看板にすれば、挙党のシンボルになる」と訴えた。

一方、岡田と同じ1990年衆院初当選の池田元久は「クリーンで自由闊達な党に戻すには岡田さんが適任」と岡田への支持を鮮明にしたが、多くの議員は意中の人物を明かさなかった。党最高顧問の藤井裕久もその1人。小沢が無投票で3選を果たした2008年9月の代表選では、小沢陣営の選対本部長を務めた藤井だが、今回は「最高顧問の立場がある。（支持表明は）控えたい」と述べるにとどめた。後になって投票先を表明した議員もいるが、藤井は最後まで明かさなかった。

鳩山の父は、藤井を政界に引っ張り出した元外相の鳩山威一郎。一方の岡田には、岡田

【左】大蔵省主計官時代、答弁者として国会に出席する藤井（正対する前列の真ん中）。右は蔵相の大平正芳＝1975年
【右】新婚時代の藤井家を訪れた大蔵省の同僚。藤井（手前右）の右側は、後に大蔵事務次官、横浜銀行頭取となる同期の平澤貞昭＝1958年

が代表時代に幹事長、代表代行として支えてきたという浅からぬ縁がある。それゆえに、どちらを支持するか言及を避けたのだった。

5月14日夜、藤井には前々から決まっていた講演の予定が横浜であった。藤井はその場で、西松事件を含む政治とカネの問題について、「高度成長時代の遺物であり、政治、経済界、官僚の結び付いた仕組みが残っているのは非常に問題だ」と指摘。その上で、「非常に遅まきながら、まず民主党から、謙虚に徹底的に、改革に取り組まなければいけない」と力説した。

藤井のもとに威一郎がやってきたときも、政治とカネで政界は大きく揺れていた。

1976（昭和51）年2月。米国上院外交委員会で発覚したロッキード事件の影響で、国会が空転していた日のことだった。

18 威一郎

候補者探しで古巣へ

1976年2月。ロッキード事件の影響で、国会は紛糾していた。

藤井裕久は43歳。71年から大蔵省派遣で官邸に入り、佐藤栄作・田中角栄内閣で竹下登・二階堂進官房長官の秘書官を務めた。74年に大蔵省へ戻って主計官となり、当時は地方財政を担当していた。

後に自治事務次官、官房副長官となる石原信雄らと難解な地方財政の仕組みをつくり、「国会で答弁させられたら、かなわないなあ」と思っていたが、空転が続いた。そんな中、大先輩がやって来た。

自民党参院議員の鳩山威一郎。大蔵事務次官まで上り詰め、退官後の74年に全国区から参院選に出馬、初当選を果たしていた。

威一郎の長男の由紀夫はまだ30歳前で、米国で学んでいた。父親の元首相、鳩山一郎はとうに鬼籍に入っていたが、藤井は入省（55年）直後に見た一郎を鮮明に覚えている。

議員への質問取りでやって来た国会。脳出血の後遺症を抱えながら、抑留者の帰還などソ連との交渉に執念を燃やし、涙を流しながら答弁する首相の姿に、「国会ってとこは、大変なところだ」と思った。

一郎を追及していたのは、前首相吉田茂らの自由党。五十数年後、吉田の孫の麻生太郎と一郎の孫の由紀夫が、二大政党の党首として政権を懸けて対決するのは、何かの因縁だろうか。

「君は誰がいいと思うかい」。威一郎の用件は参院全国区の候補についてだった。任期6年の参院にあって、翌77年の参院選では威一郎は非改選。威一郎の地盤を生かし、擁立する大蔵省関係者は誰がいいのか、藤井に聞きに来たのだった。

佐藤栄作内閣で竹下登官房長官（中央手前右）の秘書官に就任した藤井（右から３人目）＝1971年

「高木文雄さんか吉國二郎さんがいいと思います」。藤井は大蔵事務次官経験者の先輩の名前を挙げた。高木は国鉄総裁の後、横浜市の三セク・横浜みなとみらい21の社長などを歴任。89年の横浜博覧会では事務総長を務めた。吉國も横浜銀行頭取を長年務めるなど、ともに横浜と縁が深い。

威一郎は返答を聞き、「ああ、そう」と言って帰っていった。藤井は、何の含みも感じなかった。

19 リーク
朝刊に自身の名前

自民党参院議員で大蔵省の先輩である鳩山威一郎が来訪した1976年の早春から1カ月ほど後、大蔵省主計官の藤井裕久は、官房長の長岡実から呼ばれた。

藤井は大蔵省1階の自席から、担当する地方財政の書類をいっぱい抱え、2階の官房長室に小走りで向かった。藤井の姿を見るなり、長岡は「そんな話じゃないよ」とゲラゲラ笑いだした。

「君のところに、鳩山さんが来ただろ。なんて答えたんだ」

「参院の候補は、高木文雄さんか、吉國二郎さんがいいと言いました」

「鳩山さんは、君だって言ってるんだよ」

藤井は面食らった。鳩山の話には片鱗をうかがわせるものさえなかった。

「誰がいいかとしか聞かれていません」という藤井に、長岡は「ところで君は、やる気あるのか」。

「ありません」

「鳩山さんは、若いやつじゃないと駄目だと言っているんだ。誰かいるか」

「宮下創平さんが、いいと思います」

「宮下は、衆院に出ようと思ってるんで駄目だ」

宮下は藤井より5歳年上。79年に退官、長野から総選挙に出馬し、防衛庁長官、環境庁長官、厚相を歴任する。

藤井は、ある同期生の名前を挙げた。ちなみに、藤井の同期には、後に大蔵事務次官、横浜銀行頭取となる平澤貞昭もいるが、この場で名前を挙げたのは別の人物である。長岡は「分かった」と引き取った。

6月のある朝、藤井はあぜんとする。「来年の参院選に自民党から立候補する」という自分についての記事が、日本経済新聞に出ていたのだ。

「身内に政治家がいるわけでなく、官僚として位をきわめたわけでもない。本人が特に政治家を志望したというのでもない」「自民党関係者や大蔵省幹部によると『政界入りするなら若いうちの方がいいと、いきのいい人を選んだ』」などとつづられていた。

藤井は鳩山がリークをしたと思い「ひどいじゃない

自民党から出馬した参院選全国区で、当確が出た直後の藤井（中央）と鳩山威一郎（左）。右は妻の祥子＝1977年７月

ですか」と抗議。鳩山の返答はこうだった。

「書かれたものは、しようがないな」

20　一悶着

外相より後輩の支援

鳩山威一郎が進めた政治家への転身に、藤井裕久は困惑していた。藤井本人もさることながら、妻が猛烈に反対していた。

しかし、鳩山の意思は固かった。悩んでいた藤井に決断させたのは、「これは天命だと思いなさい」という母の言葉だった。

参院選の1年前、1976年夏。藤井は21年間勤めた大蔵省を退職した。細川・羽田内閣の蔵相として約20年後に2回、さらには威一郎の長男・由紀夫の任命で33年後に財務相としても大臣室に入ることになるとは、知る由もなかった。

77年6月、藤井は参院選全国区に自民党から出馬した。その名の通り、選挙区は北海道から沖縄まで。日中は街頭演説などをこなし、夜は翌日の予定をにらみ、夜行列車で移動することが多いハードスケジュール。全国区が「残酷区」と呼ばれる理由を痛感した選挙戦だった。

投票翌日の7月11日、藤井に当確が出ると鳩山が駆けつけた。日本酒を升に注ぎ、祝杯を挙げた。この選挙では「与野党逆転」が実現するかが焦点だったが、自民党は踏ん張っ

参院選の決起大会に駆けつけた首相・福田赳夫（右）と藤井夫妻

て逆転を阻止した。神奈川地方区は河野謙三が１０８万票余りを獲得して完勝。２議席目は社会党が得た。河野は無所属だったが、実質的には自社両党が「指定席」を確保したと報じられた。

当選後、藤井は首相の福田赳夫にあいさつに出向いた。福田も大蔵省の大先輩である。福田は藤井に向かい、「しかし、鳩山ってのは変わった、面白れえ野郎だな」。

参院選の半年前にあたる76年12月。鳩山は参院当選1回ながら、外相に抜てきされた。このとき、〝一悶着〟あったというのだ。

「鳩山に『外相をやれ』って言ったら、『やりたくありません』ときた。理由を聞いたら、『私は無理やり藤井君を辞めさせたので、藤井君の選挙をやらないといけないのです』って言うんだよ。だから言ってやったんだ。『藤井の選挙ぐらい俺がやってやるので、外相をやれ』と。それで鳩山は受けたんだよ」

かくして、藤井の政治家人生は始まった。

21 幹事長　円熟期に若手を支え

鳩山由紀夫とは先代から浅からぬ縁があったことに対し、岡田克也との関係は、藤井裕久が政治家として円熟期に入ってから深まっていった。

2003年に実現した民主党と自由党の合併。自由党幹事長の藤井裕久は、民主党幹事長の岡田克也と合併に向けた準備委員会の責任者を務めた。それ以前から選挙協力などの難題で協議を重ねていた。藤井は当時、「岡田と2人で話したことは、絶対に漏れないんだよ」と述べていた。

04年5月、菅直人と小沢一郎の国民年金保険料未納・未加入問題を受け、はからずも民主党代表の座についた岡田は、幹事長に21歳上の藤井を起用した。

岡田は「どちらかというと私が若いだけに安定感のある幹事長が必要と考えた」と登用の理由を説明。さらに、「藤井さんは尊敬できる人物。私にとっては心強い幹事長だ」と語った。

民主党は7月の参院選で躍進。改選第1党となり、小泉純一郎率いる自民党を改選議席(欠員含む)割れに追い込んだ。岡田は8月に無投票で代表に再選され、藤井に続投を要

民主党幹事長として、20歳以上年下の代表・岡田克也（右）を支えた藤井＝2004年６月

請したが、思わぬ事態が起きる。藤井が回答を留保したのだ。

前副代表の横路孝弘らが小沢に続投を要請したが、小沢は「藤井さん本人が判断する話だ」。藤井は結局、「幹事長は人事、組織、カネを預かる特別な職だ。（自由党時代から通算し）6年間も務めれば必ず弊害が出る」と固辞した。

背景に何があったのか。藤井はこの件について多くを語らないが、この間の事情を知る民主党関係者によると、小沢に近い若手から、岡田と距離を置くよう再三要請があった。当時は岡田と小沢の距離感が報道されていた。

岡田は「藤井さんをこれ以上苦しめてはいけない」と断念したが、同時に「代表代行をやってください」と要請。藤井も「断る理由がない」と応じた。

岡田は代表代行の職責について、こう語った。「代表の仕事の一部を担い、幹事長の役割も（一部）担う」。岡田と小沢の間の微妙な立ち位置で、藤井はかじ取りを担っていった。

22 新代表

大人の反応に安堵

２００９年5月16日、民主党の新代表に鳩山由紀夫が選出された。党所属国会議員による投票結果は鳩山１２４票、岡田克也95票。

午後2時半ごろ、開票結果が読み上げられると、鳩山を支持していた県連代表の笠浩史は、人一倍強く手をたたき続けた。

笠は「一人一人が次の総理候補として誰がふさわしいか、どうやって政権交代を実現してまとまれるのか考えた結果だ」と述べた。しかし、岡田に高い支持が出ていた世論調査とは、異なるような結果となった。

参院議員のツルネン・マルテイは「半分以上の党員、サポーターは間違いなく岡田さんを支持している」。衆院選の新人候補予定者、横粂勝仁は代表選後に地元で、「岡田さんじゃなかったんだね」との声を聞いた。

だが、明らかに潮目は変わった。橘秀徳は「小沢一郎前代表に苦言を呈した人たちが、立ち止まって街頭演説を聴いてくれるようになった」と変化を感じた。

新代表が選出された瞬間、会場となった都内のホテルに、党最高顧問・藤井裕久の姿はなかった。

藤井は午前中に不在者投票をすませた。候補2人との深い関係から投票先は明かさなかったが、「代表選は形だけでなく精神的団結をしないといけない」と語り、会場を去った。

鳩山、岡田が出馬を表明した後、藤井は衆院議員会館の事務所で、2人の訪問を相次いで受けていた。

藤井は2人に、同じ言葉を掛けた。「君が勝ったら必ず相手を優遇しなさい。足の引っ張り合いは、絶対にしてはいけない」。さらに、「敵は自民党だよな。分かっているよな」と付け加えた。

民主党代表選で投票する県連代表の笠浩史
＝2009年５月16日

2人の返答も同じだった。「よく分かっています」

藤井は安堵し、うれしくなった。「民主党は大人になったなあ。もっとも、この2人はうちの党じゃ、大人の方だけど」

新代表の鳩山は党所属国会議員に呼び掛けた。「岡田さんとは敵として戦ったのではない。相手は自公政権。力を結集して日本の大掃除をやろうではないか」。鳩山は17日、要となる幹事長に岡田を起用することを決めた。

23 倦怠

支持率あっさり下落

西松建設からの巨額献金事件による民主党代表・小沢一郎の秘書逮捕をきっかけに、ようやく上向き始めた麻生内閣の支持率は、新代表の登場によってあっさりと降下に転じた。

鳩山由紀夫が代表に選出された5月16日。横浜市内で記者団に囲まれた自民党選対副委員長の菅義偉は「鳩山さんも岡田さんも、事件の説明責任を果たすよう小沢さんに求めなかった。どちらがなっても民主党は変わらない」と批判した。

「新代表になっても小沢さんの存在感は、ますます大きくなるだろう。まさに二重権力。ちょうど田中角栄さんが自民党を離れても権力を維持した、そんなことになるのではないか」

ロッキード事件で逮捕された田中は自民党を離党した後も、最大派閥となった田中派の実質的なオーナーとして党内に強い影響力を持ち続けた。菅はそんな過去と重ねながら、田中の薫陶を受けた小沢による傀儡（かいらい）の可能性を指摘したのだった。

世論の反応は、ある意味で菅の胸算用通りだった。直後の共同通信社の世論調査では、小沢の党内影響力に関し「残る」との回答が合計8割を超え、二重権力構造になるとの疑念が根強いことをうかがわせた。しかも鳩山に「期待する」は、「大いに」「ある程度」を合わせても47・5%にとどまり、「期待しない」を下回った。

だが、それにもかかわらず、3月末の調査から麻生が小沢を上回っていた「どちらが首相にふさわしいか」との質問では、鳩山43・6%、麻生32・0%となり入れ替わった。ようやく上向いた内閣支持率も26・2%と、わずか2カ月で低下に後戻り。与党内では「ご祝儀相場にすぎない」との声がある一方、「小沢以外なら誰にでも負けてしまう麻生は末期的」との嘆きも漏れ始めていた。

もっとも小沢批判で光明を見いだそうとしていた菅も、すでに国民の間に漂う自民党への倦怠を感じ取っていた。その元凶として菅が矛先を向けたのが、党内で侃々諤々の議論を巻き起こした「世襲問題」だった。

24 世　襲

党再生のため制限を

「自民党に自浄作用を働かせる必要がある。（国会議員の世襲制限は）党再生のエネルギーになる」。鳩山由紀夫の下、新生民主党が船出した5日後の5月21日。自民党本部で党選対副委員長の菅義偉は口角泡を飛ばしていた。

世襲制限の衆院マニフェスト（政権公約）への明記に向けて党内議論の盛り上げを狙い、自身の旗振りで設立にこぎ着けた議員連盟「新しい政治を拓（ひら）く会」。この日の設立総会には中堅、若手ら約50人が集まっていた。

菅が2月に党横浜市連の新春の集いで、「党の体質が問われている。世襲を廃止し、党が変わることを示すべきだ」とのろしを上げてから3カ月。世襲をめぐる党内議論はこのころ、大詰めを迎えていた。

自民党は3～4割の議員が世襲とされた。それだけに世襲の制限はこれまで「党内でタブー視されていた問題」（菅）だった。案の定、長老やベテラン勢からは「軽挙妄動」「世論への受け狙い」などと強硬な反対論が噴出。党内のドタバタは連日のように新聞紙面をにぎわした。

世襲制限を目指し議員連盟を発足させた菅（左）。会長には河野太郎が就いた＝2009年５月21日、自民党本部

「私は世襲の権化だ。（制限するなら）覚悟を決めないといけない」。４月中旬の党役員連絡会。菅の面前で、曾祖父から世襲が続く衆院議院運営委員長の小坂憲次が強い口調で不快感をあらわにすれば、総務会長の笹川尭も「世襲で立候補した人には立派な人もいる。禁止すれば憲法違反の問題が起きる」と述べ、疑問を呈した。

浴びせられた批判を押し黙って聞いていた菅だったが、内心では「自民党が乗り越えなければならない問題」と腹をくくっていた。「自民党は特別の階級の人たちの政党、国民の目線からかけ離れている政党、と有権者に見られ始めている」「自民党の支持率が上がらないのは、国民の信頼を失いつつあるからだ」。突き動かしたのは危機感だった。

そして菅は「体質改善」のため、世襲の制限が必要になると考えた。そんな思いに至るのは、「地盤・看板・かばん」なしで政界入りした「たたき上げ」政治家の源流にかかわる。

25 異彩

集団就職から議員に

2世や3世が多い自民党の中で、世襲制限を唱える菅義偉の経歴は異彩を放つ。

菅は1948年の冬、秋田県の南東部に位置する雄勝町（現・湯沢市）で生まれた。農家の長男。高校を卒業し、集団就職で上京した。

都内の段ボール工場に就職するも、「大学で学びたい」と一念発起。築地市場で台車運びなどのアルバイトをしながら勉強を続け、「私立大学で最も学費が安かった」という法政大学に入学した。卒業後は民間会社に勤めたが、「世の中を動かしているのは政治。人生をかけてみたい」と感じ、大学の就職課に飛び込んだ。紹介されたOBの国会議員をつてに、出会ったのが旧神奈川1区の衆院議員・小此木彦三郎だった。

11年にわたる秘書生活を経て、87年の横浜市議選（西区）に挑むことになるが、いきなり「血縁」を見せつけられる。

自民党の77歳になる市議が引退を決め、地盤を継ぐとみられていた息子が急死。菅が出馬を決めると、今度はこの現職市議が引退を撤回。周囲はこぞって菅の立候補に猛反対したという。思い悩んだ菅だったが、無所属での出馬を覚悟し、1人で選挙区を駆けずり回った。最終的に、現職が県議にくら替えすることになったものの、菅はこの初陣で「自民党のしがらみや悪い面をすべて見た」という。

「地縁血縁なし」から市議、衆院議員まで上り詰めた菅。「権力」は自らがつかみ取るものだと実感している。だからこそ「地盤・看板・かばん」を継ぐ世襲のまん延が、党の活力を低下させていると考える。

衆院初当選を果たし、支援者と喜びを分かち合う菅（中央）
＝1996年10月20日、横浜市内

それは選挙区制度の変化とも無縁ではない。小選挙区制が導入された96年衆院選で初当選した「小選挙区世代」として、「中選挙区世代と考え方が違う」と言ってはばからない菅の考え方はこうだ。

「党から複数の候補が立つ中選挙区と異なり、小選挙区はたった1人が出れば、ほかの人は出られない。世襲を制限しないと、世襲に決まってしまう。国民政党を掲げるならば、あらゆる人が候補者になる可能性を排除するべきではない」

26 迷走 「小泉」めぐって混乱

自民党選対副委員長の菅義偉が提唱した世襲制限をめぐる党内の風向きは、2009年5月に入ると変化の兆しをみせた。「憲法違反」と反発していた総務会長の笹川尭が「党内ルールなら」と賛成に転じるなど、徐々に容認論が広がっていった。

民主党が一足早くマニフェスト（政権公約）への明記を決め、自民党内で「選挙に影響する」との懸念が強まったことが誘因の一つだった。一方で、選対委員長・古賀誠が「与党内の対立軸をつくるのは大事。対立が始まれば、民主党との戦いよりも面白くなる」と語るなど、「郵政選挙」のように鳴動させることで有権者の関心をたぐり寄せたいとの思惑も見え隠れした。

だが、そんなもくろみとは裏腹に、世襲問題は思わぬ「迷走」をたどる。民主党が迫り来る次期衆院選から新人候補の出馬を制限する方針に対抗し、自民党内にも当初の「次の次の選挙から」ではなく、「次から」の実施案が浮上したためだ。

「親ばかを許して」。政界引退を表明した元首相の小泉純一郎が、こう言って後継指名した次男・進次郎の処遇に耳目が集まるのは必然だった。すでに公認内定を得ていたこと

地元の後援会で政界引退を正式表明した元首相の小泉純一郎（右）。「親ばかぶりをご容赦願います」と述べ、次男の進次郎（左）を後継指名した
＝2008年９月27日、横須賀市内

から、新聞各紙には「公認見送りも」「無所属出馬か」との見出しが躍った。

今度は地元から反発の声が上がる。小泉の地元横須賀選出の県議で県連幹事長を務める竹内英明は「こんなものが通ったら、黙っていない」。県連会長でもある菅に直接真意をただすなど波紋は広がった。

6月上旬、自民党は結局、次期衆院選からの導入を見送り、事実上「次々回から」との方針を固める。

菅は「先送りではない。決まるまでに議論があるのは当然」としたが、党内からでさえ「次からと明記してほしかった」との声が漏れるなど、後退した印象は否めなかった。

このころ麻生内閣に致命的な打撃を与えることになる別の「迷走」が政権内部で動き始めていた。震源地は民主党代表・鳩山由紀夫の実弟で、総務相の邦夫だった。

27 ハト 「反麻生」の引き金に

政府、与党内でくすぶり続けた日本郵政社長・西川善文の進退問題は、6月末の株主総会をにらみ、政権を根底から揺るがす事態にまで発展した。火付け役は総務相の鳩山邦夫。首相の麻生太郎が過去に出馬した3回の自民党総裁選で、常に選挙対策本部長を務めた麻生の「盟友」だった。

「かんぽの宿」安値売却などの問題を受け、鳩山は西川の経営責任をたびたび追及、ボルテージは高まるばかりだった。それに郵政民営化推進派が対抗。「改革後退」につながるとして西川続投を支持し、両者のにらみあいは、さながら「郵政対立」再燃の様相を呈した。

党選対副委員長の菅義偉も、麻生に「西川を代えたら政局になる」と強く進言していた1人だ。鳩山が後に、菅を念頭に「(首相の)振付師」と当てこするなど「側近同士の対立」の構図も加わり、混迷の度合いは日に日に深まっていた。

6月12日。鳩山は結局、西川の退任要求が麻生に受け入れられなかったとして辞表を持ち、官邸に足を運ぶ。内閣発足以来、3人目の閣僚辞任だった。麻生が事実上更迭に踏み切った形だが、決断の遅れから問題が長期化した上、盟友すら説得できず、首相の求心力は低下した。

菅は「（首相は）明快に判断された。ゴタゴタがなくなり落ち着く」としたが、菅と同期の衆院財務金融委員長・田中和徳は苦々しい表情だった。「支持率は当然下がる。党として重大な局面となるトリガー（引き金）を引いた」

翌13日、もう一方の「ハト」が早速、追撃を開始した。邦夫の実兄で民主党代表の由紀夫が衆院選立候補予定者の応援で県内入り。街頭演説で「弟も国をよくしたいと思っているのだろう」とかばうと、「麻生内閣は政権の体をなしていない」とこき下ろした。

祖父ゆかりの日枝大神社を訪れ、宮司の説明を聞く民主党代表の鳩山由紀夫＝2009年6月13日、川崎市内

鳩山家とゆかりがある川崎市の日枝大神社にまで足を延ばし、祖父の元首相・一郎が揮毫した書を鑑賞。「日本を変えなきゃいかんという当時の思いがよみがえってきた」。首相就任への意欲をたぎらせていた。

28 人事

擬似政権交代断行を

日本郵政社長・西川善文の進退問題をめぐり、首相の麻生太郎が総務相の鳩山邦夫を事実上更迭した直後の週末。マスコミ各社が実施した世論調査で、内閣支持率は軒並み急落した。

共同通信社が6月13、14日に行った調査では17・5%と、再び1割台の「危険水域」に突入。不支持率は7割を超えた。政党支持率も民主党38・5%に対し、自民党は19・8%となり、電話世論調査を開始した宮沢内閣以来、野党時代を除いて最低記録を更新した。

6月14日の千葉市長選では自民系候補が惨敗。麻生は解散戦略が描けないばかりか、党内で「反麻生」の動きも加速し、政権運営もままならないような状況にまで追い詰められていた。

そんな中、局面打開として浮上したのが、内閣改造と党役員人事だった。

「疑似政権交代をしてください。こんな人を閣僚にするのかと思われるぐらいのことをしないと選挙は難しい」「政権交代の流れはものすごい。自民党内で政権交代が行われた、そんなことをやりましょう」

党選対副委員長の菅義偉は表向き、改造などについて「総理の専権事項で、総理が判断する。私からは言及しない」としていたが、春以降、麻生に水面下で何度も人事の断行を進言していた。

菅のシナリオはこうだ。衆院議員の河野太郎、参院議員の舛添要一、山本一太…。発信力のある人材を幹事長や官房長官などの要職に抜てき。「新しい自民党」をアピールし余勢を駆って解散に打って出る――。

菅は、この疑似政権交代で支持率が10ポイントは上がると読んでいた。それまでのインタビューなどで「支持率が30%あれば戦える」と強気な姿勢を貫いていたのには、そんな人事の前提があったからだ。元首相の安倍晋三にも頼み込み、麻生の説得を試みていた。

24日夜、安倍が人目を忍んで公邸に入った。その翌日、菅と30分間ひざを突き合わせた後、麻生は日本記者クラブでの会見の冒頭、「いずれ質問されるから」と前置きし、自らこう切り出した。「衆院解散はそう遠くない」

29 窮地 人事封殺で正念場に

「私が決めさせてもらう。しかるべき時にしかるべき方をと前から考えてはいた」。6月30日。首相の麻生太郎は自民党役員人事に着手したいとの意向を初めて公言した。「解散はそう遠くない」と最終攻防を宣言してから、5日後のことだった。

だが、この日の夜、元首相・森喜朗に役員交代の見送りを迫られると、翌7月1日に行った人事は、兼務解消を目的とした2閣僚の補充のみに。結局、党選対副委員長の菅義偉らが求めていた役員人事は〃腰砕け〃に終わった。

党内に根強かった人事反対論には、菅への風当たりも影響していた。内閣発足直後の解散見送り、日本郵政社長の続投支持…。菅の進言に麻生がことごとく乗っただけに、内閣の低空飛行の主犯を菅とみる向きが拡大。菅が提唱した世襲制限への批判もあり、反発が広がっていた。

しかも、麻生が幹事長に菅の起用を検討していることも明らかになり、幹事長・細田博之を送り出す最大派閥の町村派が反発。同派オーナーの森が巻き返した形となった。

ただ、求心力の源泉である人事権さえ封殺された格好の麻生の凋落ぶりは際だつばかり。

都議選の応援に駆けつけ、マイクを握る菅

5日には静岡県知事選で自民党系候補が敗北を喫し、すでに「麻生降ろし」が顕在化した党内には解散先送り論が一層拡大した。

地方選と解散戦略は「全く関係ない」と繰り返していた菅も、内心は「遅ければ遅い方がいい」と先送りに傾いていた。8日の講演では、衆院選投開票日が「お盆明けになるだろう」と述べ、8月後半以降になるとの見通しを示した。

麻生は都議選（12日）直後の解散を模索していたが、菅は明るみに出た民主党代表・鳩山由紀夫の政治資金収支報告書の虚偽記載問題を追及するなどして活路を見いだすべきだと考えていた。

その一方、麻生の胸中も肌身で感じ取っていた。

「自らの手で解散するという総理の意思はめちゃくちゃ固い」

解散をめぐる10カ月の攻防は、厚い雲に覆われた13日、正念場を迎えた。

30 宣言

窮余の「8・30」決戦

「極めて厳しい環境だが、歯を食いしばって頑張っている」。7月13日の早朝。自民党選対副委員長の菅義偉は淡い緑色の半袖のシャツ姿で、朝の日課である駅頭演説に立っていた。雨を心配してか、雲で覆われた横浜の空を時折仰ぎ見ながら、1時間半にわたり政策を訴えた。

天気同様、さえない表情には訳があった。衆院選の前哨戦として注目された前夜の都議選は自民党の歴史的惨敗に終わっていた。

そんな折、菅の携帯電話にあるメールが届いた。「解散するから」――。送り主は首相・麻生太郎。週内の14日にも解散に踏み切り、8月上旬投開票の意向を伝えたものだった。

かねて「遅い方がいい」と「8月30日投開票」を主張していた菅は「自殺行為」と感じ、麻生に携帯電話で連絡を取っては引き留めに入っていた。朝の演説を終えると、記者団には「解散は総理の専権事項」などと決まり文句を並べ、すぐさま永田町に向かった。

それから3時間余り。党本部には夏らしい日差しが降り注いでいた。正午前、自室を出た菅は迎えの車に乗り込み一呼吸置くと、ニヤリと笑って追い掛けてきた記者に謎をかけ

自民党惨敗に終わった都議選投開票の翌日、朝の街頭演説に立つ菅＝2009年７月13日、横浜市営地下鉄の下永谷駅前

た。「もう吹っ切れたよ」

同じころ、官邸で幹事長の細田博之、国対委員長の大島理森と向き合っていた麻生。正午をまたぎ、ほかの役員や公明党代表らを次々に呼び込み、解散の意向を表明した。反発が強かった週内解散を1週間先送りにすることで、菅が進言していた「8月30日投開票」が決まった瞬間だった。

夜になって解散日程を正式発表した麻生は「歯を食いしばってでも、頑張らなければならない」。くしくも早朝の菅と同様の言葉で会見を締めくくった。

菅はこう振り返る。「世論調査がひどい中、先延ばしした方が勝てる可能性が出てくると思った。だが党内のゴタゴタを最小限に抑えるため解散宣言をする必要があった」。都議選敗北を受け、党内で倒閣の火の手が上がる前に先手を打った形の窮余の解散宣言。かくして政権を懸けた「夏の陣」の号砲は鳴らされた。

31 引退

時代の節目を象徴

7月21日、ついに衆院解散の日がやってきた。衆院の任期満了まで50日余り。迷走の末、首相の麻生太郎がようやく決断した。

本会議場で解散詔書を朗読する衆院議長の河野洋平（72）は、今期限りでの引退を決めていた。ロッキード事件に端を発した自民党離党と新自由クラブ結成、復党後の総裁就任と自社さ政権樹立など、波乱に満ちた43年近い議員生活にピリオドを打った。

自民党総裁として唯一、首相になれなかった河野だが、「あのとき、自民党は野党で、自民党を与党に戻すことが大事だった。与党の一角に1年足らずで戻したことを、非常に誇りに思っている」。

ハト派のシンボルでもあり、「今、一番大事なのは環境問題と平和の問題。平和は、もう言い古されて永遠の課題だが、むしろ今、非常に重要になっている」「われわれの先輩は、いろんなものを守ってきた。憲法9条や非核三原則とか。今こそ、そういう人たちの出番だ。核軍縮、核廃絶をやらねばならない大事な場面にいる」と言い残し、国会を去った。

毎日新聞の記者から転身し、河野を支え続けてきた前文部科学相の自民党・鈴木恒夫

(68)、元出雲市長の民主党・岩國哲人(73)も勇退。

後輩に対し、鈴木は「平和で豊かな、国際貢献のできる、文化の薫り高い日本を目指し議員をやってきた。各政治家が将来の社会の在り方を描き、その中で教育、医療などに取り組むべきだ」。

引退に際し、波乱に満ちた議員生活や平和への思いなどを語る衆院議長・河野洋平

岩國は「五十にして天命を知るではないが、できるだけ政治と無縁の経験を十分して、50歳を過ぎて政治の世界に入ってほしい」と述べ、それぞれバッジを外した。

河野、鈴木、岩國に加え、神奈川県内の衆院議員では、元首相の小泉純一郎、民主党最高顧問の藤井裕久も引退を表明していた。

国政を長く彩ってきた主役や名脇役たちが一挙に国会を去ることは、時代の節目を象徴していた。その5人の中で、小泉と藤井は、引退にあたっての取材を拒んでいた。

32 暗示

解散直前の前回主役

衆院の解散を数時間後に控えた7月21日午前。前回解散時の主人公、元首相の小泉純一郎は、北鎌倉の名刹にいた。

円覚寺の夏期講座で午前11時ごろ講演を開始。冒頭、引退を決めた後の昨年中に依頼があった経緯を説明し、「7月なら当然議員をやめていると思い引き受けたが、まだ衆院議員。ところが午後1時に解散の本会議が行われる。この場での話が衆院議員としての最後の記念すべき話になると思う」と、会場を沸かせた。

4年前の夏は首相として「郵政解散」を断行、自民党に歴史的大勝をもたらしたが、「本当は解散したくなかった。いちかばちか打った」。小選挙区比例代表並立制の導入に反対していたことに触れ、「小選挙区制だったから郵政解散は効果があった。反対した私が恩恵を最大限に受けた。本当に予期せざることだった」。

講演の前半に紹介した「禍福は糾える縄の如し」などの言葉とあわせ、1カ月余り後の自民党惨敗を暗示するかのような発言だった。

67歳で政界を去る小泉。講演の後半では、国会前の憲政記念館の石碑に刻まれている「憲政の神様」、尾崎行雄の94歳の時の揮毫、「人生の本舞台は常に将来に在り」を紹介し、「尾崎は明治23（1890）年の第1回総選挙から連続当選25回。私はまだ12回。よく気力、情熱を持ち続けた」と語った。

尾崎は1858（安政5）年、現在の相模原市津久井町又野生まれ。民主主義と議会政治の確立に95年の人生をささげた。軍閥・藩閥政治打破、普通選挙制度実現、翼賛選挙反対などに傾注。1954年に逗子で他界、円覚寺に眠っている。普選運動では小泉の祖父・又次郎と共闘した縁もある。

尾崎は77歳になる35年に逗子の自宅で、先の揮毫の意味を「人生の本舞台」という小冊子に著した。

「知識経験は金銀財宝よりも貴い。然るに世間には、六、七十歳以後は此の貴重物を利用せずに隠退する人がある。『たわけもの』ではあるまいか」「現に高橋是清君の如きは八十余歳で再び大蔵の難局を引受け、世間は大に之を歓迎している」

33 表明

落選直後に「天の配剤」

２００９年7月21日午後1時3分、衆院本会議が開会された。議長の河野洋平が「日本国憲法第7条により、衆議院を解散する」と詔書を読み上げると、議場内に恒例の「万歳」が響き渡った。

北鎌倉の円覚寺で講演していた小泉純一郎は寺側の計らいで当初予定より早い正午前に寺を出たが、事故渋滞に巻き込まれ、解散時は新橋辺り。本会議に間に合わなかった。円覚寺での演題は「思うようにいかないのが人生　だからｏｒそれでも」。講演の内容とともに、暗示に満ちた議員人生の幕切れだった。

小泉と同様、県内の衆院議員で引退についての取材を拒んでいたもう1人、民主党最高顧問の藤井裕久の姿は本会議場にあった。

引退は、とうに表明していた。「郵政選挙」の突風を受けて落選した２００５年9月、総選挙から3日後の夜。

相模原市内で１００人以上の支持者を前に、「国会議員の職責は永久ではない。いつかは自分で決めねばと思ってきた。今回の結果は天の配剤。天命に従い、一つの区切りをつけたい」。

後援会役員を長年務めてきた支持者は「今、辞められたら困るとお願いしたが、本人の意思が固い。残念だ」。市議の1人は「存在が大きかっただけにつらい」と惜しんだ。

勇退を知り、藤井を政界に引き込んだ元外相・鳩山威一郎の妻で、由紀夫の母である安子が手紙を寄せた。「昔が懐かしゅうございます。主人と一緒のお姿を、今でも鮮やかに覚えております」などとつづられていた。

07年夏、民主党の衆院議員・長浜博行（比例南関東）の参院選くら替え出馬に伴い、藤井は比例で繰り上げ当選となった。

「（解散が早ければ）最短で任期1カ月、満了までいけば2年2カ月。国会でしっかりお役に立ちたい。党の団結のためにも尽力したい」と述べたが、「次の選挙は出ないつもりだ」と、やはり明言した。

その藤井が取材を拒んでいたのには理由があった。党代表の鳩山由紀夫から、引退を撤回して比例代表選挙に出馬するよう要請されていたからだ。

34　バッジ

去就めぐり思い交錯

民主党代表の鳩山由紀夫が、藤井裕久に引退を撤回して比例代表選挙に出馬するよう要請したのは、6月下旬生まれの藤井が77歳になったころだった。

「比例代表選挙での扱いを私に任せてください」と言う鳩山に、藤井は「分かりました。党員なので党の決定には従います」。党幹事長の岡田克也からも「バッジを着けてください」と言われていた。

引退についての取材を藤井が拒んでいたのには、こんな事情があったのだ。

解散直前、小泉純一郎が円覚寺で紹介した「憲政の神様」、尾崎行雄が「知識経験は、金銀財宝よりも貴い。然るに世間には、六、七十歳以後は此の貴重物を利用せずに隠退する人がある。『たわけもの』ではあるまいか」と著したのは、77歳になる1935年。

「現に高橋是清君の如きは八十余歳で、再び大蔵の難局を引受け、世間は大に之を歓迎している」と記しているのも、暗示的である。

ちなみに、藤井を政界に引き込んだ鳩山由紀夫の父、元外相の威一郎は、尾崎の理念と思想を基に設立された尾崎行雄記念財団の理事長を務めていた。

２００８年に発行された尾崎の生誕１５０周年記念誌に個人協賛・協力として記された現・元国会議員は、自民、民主、公明、共産、社民など超党派でも十数人だが、鳩山と岡田はともに名を連ねている。これも、単なる偶然なのだろうか。

09年7月21日午後1時すぎ、衆院が解散された。万歳三唱の余韻が残る本会議場を出てきた藤井は「いつまでも着けていたら未練がましいな」と、胸のバッジをそっと外した。

藤井はこの後、「引退」に臨む心境を語った。

「ようやく、二大政党制が実るかもしれないところまできた。私としては、感慨無量だ」

「私は選挙から身を引くが、民主党が目的を達成し、かつ成熟していくのに、何らかの役に立ちたいという気持ちを強く持っている」

比例代表選挙については、「比例代表の名簿づくりは、遅いと思う。公示日までは分からない」と語ったのだった。

35 選挙戦

「最後の奉公」全国遊説

衆院解散に伴い、立候補予定者が走りだした。選挙戦は事実上、40日間という長丁場。自民、民主の二大政党が政権を争う、歴史的な選挙戦が幕を開けた。

解散から間もない7月21日午後。前職となった自民党の福田峰之は選挙区の8区に戻って支持者を前に、「8月30日に皆で万歳するため、議場での万歳はせずにとっておいた」。

前回同様、「河野王国」と呼ばれる15区に挑む民主党新人の勝又恒一郎は公認証書を受け取る際、代表の鳩山由紀夫から「小選挙区で勝ってこい」とげきを飛ばされ、「勝ってきます」と宣誓。

民主党との選挙協力をせず12区で戦う社民党前職の阿部知子は「自民か民主かの二者択一でなく、多様な価値観がある政治にしたい」。18区の共産党新人・宗田裕之は「神奈川の共産党から国会議員を出したい」と力を込めた。

引退表明していた民主党の藤井裕久は解散前から、党本部の指示に従い遊説で全国を飛び回っていた。藤井いわく、「最後のご奉公」。

8月3日（月曜）の週の場合、3日は九州・福岡で、4日は北に飛んで山形。5日は宮城と福島を回り、6日は大阪へ。7日は千葉に駆けつけた。こんな日々が投票前日まで続いた。大蔵省を退職した三十数年前、44歳で参院選全国区に出馬したときのようなハードスケジュールだった。

7日夜は千葉9区の民主党候補の応援で佐倉市の市民音楽ホール。藤井はいつものように、立ったままでマイクを握っていた。

参院選で民主党が躍進した効果で、政府が天下りの資料の一部を明かしたと強調。その上で、「自民党は、政府の資料を出すなら、俺たちの了承をとれといってきた。政府の資料は自民党の資料ですか。違います、皆さまの資料です」と拳を振り上げると、割れんばかりの拍手が起こった。

その瞬間、館内が真っ暗になった。午後7時18分、落雷による停電。復旧までの約1分、藤井は暗闇の中で声を張り上げ続けた。

ちょうどそのころ、横須賀で1人の翁が息を引き取った。硬骨の士、元新自由クラブ代表の田川誠一が。

36 孤高

永眠の夏に歴史動く

8月7日午後7時20分、元新自由クラブ代表の田川誠一が、横須賀市内の特別養護老人ホームで、老衰のため他界した。享年91。

1976年、ロッキード事件を契機に河野洋平らと自民党を離党し、新自由クラブを結成。自民党との連立に踏み切り、自治相として入閣しても、田中角栄批判を繰り返した。新自由クラブは86年に解党。河野らは自民党に復党したが、田川は「死んでも帰らない」と貫き、進歩党を結党した。

リクルート事件の際も徹底糾明と政治倫理確立を目指す超党派議連を発足、「政治とカネ」の問題に取り組み続けた。残留孤児問題に道を開き、軍縮もライフワークだった。

8月11日の通夜。いとこで葬儀委員長を務めた河野はあいさつで、「田川先生は私の父であり兄でもあり、終始指導を受けた。先生なくして今の私はない」。

翌日の葬儀・告別式には、河野、鈴木恒夫、そして中選挙区時代の旧衆院神奈川2区でしのぎを削った小泉純一郎が参列した。

弔辞を述べたのは、田川が自治相時代に秘書官を務めた鈴木。「これほど孤高を守り、理想を捨てず、生涯を全うされた人物は戦後そうはいない」「本当に真剣な生きざまだった。先生、もうゆっくりと休んでください」とハンカチで目をぬぐった。

田川の遺品から、自筆のサインを添えたワープロ打ちのメッセージが見つかった。

「いま政界に求められているのは『孤高を恐れず、言うべきことを言う』政治家、『大衆に媚びず、大衆を無視しない』政治家をふやす事であります。この期待に応えることのできる小泉候補の、ご健闘を心よりお祈り致します」

田川誠一をしのび焼香する元首相・小泉純一郎（左）や、河野洋平、前文部科学相・鈴木恒夫＝2009年８月12日

かつてのライバル、小泉純一郎にあてた一文。小泉も確かに、このメッセージを受け取っていた。

田川が政界を引退した93年。田川が言い残した「自民党への怒りは各層に広がっている。政権交代は国民が望めばできる」という言葉通り、直後の総選挙で自民党は過半数割れし、下野した。

田川が鬼籍に入ったこの夏。歴史の歯車は、さらに大きく動いていた。

37 奔走

遊説合間に災害現場

２００９年8月、民主党最高顧問の藤井裕久は衆院選の遊説で、文字通り全国を駆け回っていた。

10日は、民主党と共闘している国民新党の候補の応援で兵庫県の淡路島入り。投宿先の神戸で、党本部から連絡が入った。

「豪雨で大きな被害が出た現場に、民主党の代表として行ってほしい」

翌11日午前、藤井は多数の死者が出た兵庫県佐用町の災害現場に入った。作業着に着替え、堤防が決壊した地点や倒壊寸前の家屋などを視察。町長から復旧への支援要望を受けた。

藤井はその場で、兵庫県知事の井戸敏三に電話。「あんなに低い堤防は、おかしいじゃないか」と指摘すると、「そうなんですが、とても費用がかかるんです。国が整備してくれる事業があるので、与党になったらお願いします」と陳情を受けた。

井戸は自治省出身で、政治資金課長などを務めた。藤井が自民党時代、政治改革推進本部で政治資金規正法の改革などを担当していた際、自治省の窓口が井戸だった。頻繁にやりとりをした旧知の間柄だ。

一方の政府・与党。防災担当相を団長とする政府調査団が佐用町の災害現場を視察したのは、この日の午後になってからだった。

藤井は視察後、時計をにらみながら東京に。向かったのは、東京15区の民主党公認・東祥三の活動報告会。東は元公明党だが、新進党を経て小沢一郎や藤井裕久らと歩むことを選択、公明党とたもとを分かった。

藤井は「党に日程を委ねているが、『東さんとの関係からして、ぜひ行ってきなさい』と言われ、兵庫から帰ってきたところです」と第一声。黒い革靴には、視察の際の泥がついていた。

自身の自民党離党に触れた上で、「こちら（東ら）は数人しか辞めなかった。（公明党からの）締め付けはもっと厳しかった。だから東さんを敬愛している。背骨がある人が大事なんだ」と声を強めた。

会合後に会費制で行われた打ち上げの席。勇退を表明していた藤井に、東の後援会員から慰労の言葉や拍手が送られた。

38 公示

引退撤回、天に報告

第45回衆院選が8月18日、公示された。全国300の小選挙区と11ブロックの比例代表の計480の議席を目指し、1374人が立候補。政党別では、自民党326人、民主党330人。民主党の候補者数が、初めて自民党を上回った。

民主党の比例南関東ブロックの名簿には、藤井裕久の名前があった。民主党は各ブロックの比例1位に小選挙区との重複立候補者を同列で並べており、藤井は南関東の比例単独では最上位で35位。38位には元参院議員・斎藤勁が登載された。

藤井はこの日、神奈川1、14、18区と、茨城6区を回った。後継である14区の民主党公認、本村賢太郎の出陣式会場は相模原署近くの駐車場跡地。14区総支部事務局長の太田恵は藤井の到着を待ちながら、「後援会長が生きていたら、さぞかし出馬を喜んだろうになあ」とつぶやいた。

藤井の後援会長だった相模女子大学理事長で元相模原市教育長の井上芳明は5月に他界。72歳だった。藤井の引退を、とても残念がっていた。

本村も井上らを念頭に第一声の中で、「今日は、亡くなった方も天国から応援してくれていると信じています。よい報告を、天国にしたい」。

藤井の出馬については、「南関東ブロック35位という大変厳しい数字ですが、再度、藤井先生の比例代表からの挑戦が決定した。必ず政権交代し、藤井先生とともに国政の場で、相模原、日本のために仕事をさせてください」と声を張り上げた。

その藤井は「皆さまの大きな力のおかげで、本村候補が立派に成長されてこの日を迎え、感無量です。どうか、本村賢太郎をよろしくお願いします」などとあいさつし、川崎に向かった。

比例単独では最上位といいながらも、藤井が議席を得るには、比例復活を含め、神奈川、千葉、山梨の小選挙区に出馬をしている34人全員の当選が前提となる。

藤井はこう言い残し、かつての選挙区を後にした。「僕はもともと、自由人になって党を支えたいと言ってきた。その考えは、今でも変わらないよ」

第45回衆院選公示日、後継である本村賢太郎の出陣式で、本村への支援を呼び掛ける藤井＝2009年８月18日

39 登載

「掘り起こし」に士気

藤井裕久が引退を撤回し、民主党の衆院選比例代表南関東ブロックの名簿に候補者として登載されたことは、藤井の支持者を突き動かした。

小選挙区での藤井の選挙区は14区（現状では、相模原市の一部）だったが、中選挙区時代の選挙区であった旧神奈川3区などにも、支持者の輪が残っている。

綾瀬市内の藤井支援者でつくる「綾裕会」には、現在でも50人ほどのメンバーがいる。会長の長坂明夫（75）は「藤井さんが出ると出ないとでは、気合の入り方が全然違う」。

藤井の名簿順位は35位。比例単独では最上位といいながらも、比例復活を含めて神奈川、千葉、山梨の小選挙区に出馬している34人全員が当選を果たさなければ、議席を得られない。

「藤井さんを当選させるためには、小選挙区の候補者を勝たせなければならない。相模原や藤沢などの知り合いにも、民主党の候補に入れるようお願いした。力が入った」と長坂。

民主党の綾瀬市議・佐竹百里も「当然、士気が高まった」。

藤井とは、義父の佐竹正道（元綾瀬町長、元県議）からの付き合い。正道の一周忌、藤井は「お線香をあげさせてほしい」と、ひょっこり実家に現れた。佐竹の２００７年市議選の決起大会には、一般の支持者向けと同様の案内を見て、駆けつけてきた。

佐竹は「藤井さんの人柄や、これまでの付き合いもあり、『もう一度』となれば、当然、士気が高まった」「県央には藤井さんのファンが、ものすごく多い。総選挙では『民主党には藤井さんがいます』と訴えたが、効果があったと思う」と振り返った。

公示を待ってマスコミ各社は、一斉に世論調査を実施した。取材を加味した情勢調査の記事を、相次いで掲載していった。

「民主、３００議席うかがう勢い」（8月20日、朝日新聞）、「民主３００議席超す勢い」（21日、読売新聞）、「民主３２０議席超す勢い」（22日、毎日新聞）。

自民党が圧勝し、民主党が惨敗した4年前とは、対照的な見出しが躍っていた。

40 蜜月

小沢、連合の二人三脚

総選挙公示翌日、8月19日午後6時。連合神奈川会長の野村芳広、連合東京会長の遠藤幸男、埼玉と千葉の連合事務局長、連合前会長の笹森清が、都内のホテルの日本料理店に集まった。

少し遅れ、分厚いファイルを持った男が現れた。民主党代表代行・小沢一郎。

小沢は約1時間、4都県の選挙情勢を説明。資料には棒グラフや折れ線グラフがついたものもあった。神奈川は1、3、4、10、16、17区が激戦区と分析し、「テコ入れをしてほしい」と要請。野村は「認識は、われわれとさほど変わらない。組織に持ち帰って相談する」と述べた。

情勢説明の後は料理をつつきながら懇談。小沢はビールを少しと日本酒を飲んだ。小沢の食事は専用のメニューのようだった。小沢は「新人をきちっと教育する。『小泉チルドレン』の二の舞いは踏ませない」と語った。

会談は約3時間。代表時代から小沢が築いてきた連合との蜜月関係の一端をうかがわせる会合だった。

野村はこれを受けて21日、連合神奈川の会議室で、臨時の選対闘争本部を開催。各選挙区の責任者らを前に小沢の要請を説明すると、テコ入れ対象区の責任者から「（テコ入れをするために）抜かれる方の選挙区のことも考えてほしい。従来にも増して頑張り、取り組みを強化するので、シフトさせるのはやめてほしい」との声が上がった。激戦区での運動の強化を誓いながら全選挙区を慮る発言に、野村は「大変ありがたい」と応じた。

民主党公認の新人候補予定者の事務所を訪問し、スタッフらと笑顔で握手する小沢一郎＝横浜市神奈川区

このころ、総選挙の情勢分析記事が、各新聞の紙面をにぎわしていた。野村は報道などから、小沢がテコ入れを要請しなかった3選挙区でも勝ち目があると踏んだ。各区の責任者や選対事務所、地方議員らに電話をかけ、「状況は悪くない。頑張ればいける」とハッパを掛けた。

この3選挙区とは、菅義偉が負けなしの2区、現職閣僚・甘利明の13区、「河野王国」と呼ばれる15区。15区には野村本人が入り、街頭でマイクを握った。

4年前の借りを返すかのように、民主党は攻勢を強めていった。

41 結束

解散直前に涙の演説

「やはり普通の日と違い、いよいよ決戦が始まるという緊張した思いです」。衆院が解散される7月21日。ノーネクタイのクールビズ姿で早朝の街頭演説を終えた自民党選対副委員長の菅義偉は記者団に囲まれ、10カ月間模索し続けた「Xデー」に臨む心境を吐露した。

だが、この日に至っても「決戦」に挑む態勢とはほど遠い状態だった。首相の麻生太郎が「解散宣言」した13日以降も混乱が収まる気配はなかったからだ。

14日。党本部には県議で県連幹事長を務める竹内英明の姿があった。地方組織の幹事長でつくる協議会の副会長として「一丸となった選挙態勢の確立」という地方の切実な願いを届けるためだった。「選挙に取り掛からんとする態勢とは到底言えない」「この期に及んで首相批判をマスコミにふりまき、見るに堪えない」。党本部に対し異例ともいえる苦言が並ぶ要望書を党役員に手渡して回った。

だが皮肉なことに、この日は地方選の責任論が噴出し、選対委員長の古賀誠が突然、辞意を表明。元幹事長の中川秀直にいたっては公然と首相退陣を要求、空中分解の様相さえ呈し始めていた。竹内は「もう腹をくくるべきだ」と怒りをぶちまけたが、その後も中川らが集めた両院議員総会開催を求める署名に財務相の与謝野馨らが加わるなど、混迷の度合いは増すばかり。不確定要素を抱えたまま解散日になだれこんでいた。

菅が朝の街頭演説後の取材に答えていたころ、官邸では閣僚が次々に解散の閣議書に花押を記していた。行革担当相の甘利明は直後の会見で「覚悟が問われる解散」と語った。

解散が宣言される本会議直前に開かれた両院議員懇談会。麻生は冒頭、「『ぶれた』といわれる言葉が国民に不安を与え、支持率低下につながった」と陳謝。最後は涙で声を詰まらせながら「願いは一つ。全員帰ってくることです」。

中川らの「麻生降ろし」の思惑をそらしつつ、結束をアピールする狙いで執行部がひねりだした議決権のない懇談会は、厳しい批判も出ずに30分間であっさり終了した。涙の演説は奏功したかにみえた。

42 離　党

チルドレンが冷や水

解散直前に開かれた7月21日の自民党両院議員懇談会。首相・麻生太郎の涙の演説により一応の決着をみると、選対副委員長の菅義偉は党本部で、待ち受けた報道陣にもみくちゃにされながら、「総理の判断により公開で国民にそのまま見ていただけた。団結するという意思統一ができ、ようやく戦う態勢が整った」。

満足そうな表情を浮かべた菅とは対照的に、浮かない表情のまま「ノーコメント」との言葉だけを残して、ひっそりと党本部を後にする若手議員がいた。

党県連の公募で選ばれ、4年前に9区で初当選した山内康一だった。

「小泉チルドレン」と呼ばれる83人もの新人議員を生んだ前回衆院選。県内でも山内を含む4人の新人が小選挙区で勝利するなど、歴史的大勝の原動力となった。劣勢が伝えられた今回は、そのチルドレンたちがどこまで踏みとどまるかも一つの焦点になっていた。

だが、山内は解散が宣言された本会議に出席後、いきなり党本部に離党届を提出する。会見では「自民党と自分が目指す方向にずれを感じる」「構造改革否定路線が自民党の主役になった」と理由を説明した。

選挙実務を取り仕切る立場から「団結」に向けて力を注いできた菅は、「自分の生きる道を選んだのだろうが、大変残念だ」。直前の両院議員懇談会で曲がりなりにも「結束」を誓ったはずの党内に冷や水を浴びせた格好となり、地元からも「裏切られた」「思想信条ではなく利害得失」と怒りの声が相次いだ。

その後、山内は一足早く自民党を離れていた元行革担当相の渡辺喜美や無所属の江田憲司らの新党に参画。大方の予想通り、渡辺の地盤である北関東の比例代表から出馬することになる。

自民党両院議員懇談会後、立候補予定者と握手を交わす首相の麻生（左から２人目）＝2009年７月21日、自民党本部

解散直後、麻生から手渡された公認証書を手に地元へきびすを返した県内のある1期生議員は「なんとしてでも戻ってこなければ」と悲愴感たっぷりに話すと、同期の離党届についてこうささやいた。「気持ちは分かるよ」

にわかづくりの「一致結束」で、自民党は政権争奪戦になだれ込むことになった。

43 第一声

民主との違いを強調

「この国をつくる政治家になりたい」。4年前の衆院選の投開票日。4期目の当選が決まり、支持者の前で高らかに宣言した菅義偉。自民党選対副委員長という要職の立場で迎えた今回の衆院選の第一声では、こう声を張り上げた。「中枢で働ける政治家になれるか、試金石となる選挙です」

解散から28日後にあたる8月18日。衆院選が公示され、いよいよ「政権」をかけた戦いの火ぶたが切って落とされた。

菅は選挙区の横浜市南、港南、西区の3カ所で次々に出陣式を開いた。

「夏の決戦」らしく、それぞれの街頭にはそろいの黄色のポロシャツを着込んだスタッフらが集結。背中には、信念を貫き通してきたという菅の自負を表現した「わたしは、ブレない」との文字が。うちわ形の法定ビラには総務相への就任が決まり官邸入りする3年前の写真が使われた。

この日の菅の演説は、民主党を強く意識した内容となった。マイクを握ると、総務相時代などの実績のPRはそこそこに、自民党のマニフェスト（政権公約）を紹介しながら民

出陣式で声援に応える菅
＝2009年８月18日、横浜市内

主党との違いをひたすら強調した。

　マニフェストを策定する責任者も務めた菅。「責任力」を前面に打ち出した首相の麻生太郎と同様、街頭では財源論や経済成長戦略、安全保障に触れ、「民主党には任せられない」との論陣を張った。「党大会でも国旗を掲揚したことがない」などと民主党批判に力を込め、自民党の政権能力をアピールしてみせた。

　そして、締めくくりには「民主党がマニフェストを発表してから風向きが変わり始めている。本当に民主党で大丈夫かと、みんな思い始めた。もう一歩のところまできている。もう一度自民党に、この日本を託してもらいたい」と訴えた。

　直前の報道各社の世論調査では、比例区の投票先などで民主党に大きく水をあけられていたが、菅が強気な姿勢を崩さないのには、こんな思惑があった。

　「個人の名前を書く選挙区では、地域に強い自民党候補が有利。世論調査の結果通りにはいかないはずだ」

44　苦戦

うなる「見えない風」

衆院選を「中枢で働ける政治家になれるかの試金石」とした自民党選対副委員長の菅義偉は8月18日の公示後、その言葉を証明するかのように、同志の応援のため全国を飛び回った。

秋田、静岡、茨城…。厳しい「逆風」が吹きすさび、地元に張り付く現職閣僚や派閥領袖が相次ぐ中、菅は選挙区を留守にし、予定通り6日間県外へ。結局、選挙期間中に足を運んだのは10都府県に上った。

東京都北部では、スーパー「いなげや」前で演説し、「自民党は国民目線に合わなくなってきている。そのためにも世襲を制限する」。傍らには2期目を目指す若手候補。マイクを譲り受けると「わたしは、こんなブレない兄貴分と仕事をしてきた」と素直に喜びを表現したのだった。

だが、自民党大敗の見方は現実味を帯びる一方だった。新聞各紙の1面には連日、「民主300超の勢い」「自民苦戦、半減か」などの見出しが躍った。

神奈川新聞社も20日から3日間、世論調査を実施。取材情報も加味した総合調査で、県内18小選挙区のうち民主が10議席台後半をうかがう勢いと分析。菅と民主党新人の三村和也が争う2区でも、2人が「競り合う」との見出しを打った。

「見えない風が吹いている」。強気を貫いていた菅も、周囲には不安を口にし始めていた。選挙戦も折り返しに入った24日。東京、山梨での応援演説の合間を縫って都内のホテルへ足を運ぶ。向き合ったのは幹事長の細田博之、選対本部長代理の古賀誠だった。日焼けした3人は全国の情勢を分析しながら終盤に向けた戦略を練ったが、菅の心中は「もう手の施しようがない」。自身も苦戦を強いられていた古賀は、こうつぶやいたとされる。「地べたをはって自分の力で勝ち上がるしかない。応援なんて期待しても無駄だ」

菅は投開票が3日後に迫った27日、地元で総決起大会を催す。会場に向かう車中、疲労が蓄積した体をシートに委ねると、ある思いをめぐらせていた。22年前、横浜市議選に挑戦した初めての選挙のことだった。

45 原点

「初陣」胸に最終盤へ

１９８７年4月の横浜市議選。それが政治家・菅義偉の原点だ。建設相などを歴任した自民党衆院議員・小此木彦三郎（旧神奈川１区）の秘書を務めていた菅が、西区からの出馬を表明したのは選挙前年の10月１日。西区に移り住んで１年がたった大安吉日だった。

西区は当時、自民党重鎮と、いずれも50歳代の民社と公明党の現職が３議席を分け合っていた。だが、引退を表明していた、この自民党重鎮が前言を撤回し立候補を模索した上、定数は１減に。後ろ盾となるはずの小此木も「君の出る幕はない」と見送りを促したというが、菅は無所属出馬も覚悟。乳飲み子を抱えながら背水の陣で臨んだ。

「当初は誰も応援してくれる人がいなかった。むやみやたらにあいさつして回るしかなかった」

西区内を走る国道１号は箱根駅伝のコースでもある。「あけましておめでとうございます。今度、市会に出る菅です」。正月には沿道の聴衆にあいさつをしながら、横浜駅から保土ケ谷駅近くまでを歩いた。

選挙戦最終盤の総決起大会で、支持者らに担がれながら会場入りする菅
＝2009年８月27日、横浜市内

今でも、朝の駅頭演説を日課としている菅。周囲も舌を巻くほどの徹底ぶりで、衆院の市内8小選挙区で唯一連続当選を重ねてきた。菅にとって、街頭はうつろいやすいとされる都市部の民意を探るバロメーターでもある。そんな政治手法は、初陣でおのずと身についたものだった。

「あれ以上つらい選挙はない」。原点と今回の衆院選とを重ね合わせながら、選挙戦最終盤、菅が向かったのは支持者が待つ総決起大会の会場だった。

8月27、28日に計3カ所で開かれた大会では、接戦を伝える神奈川新聞などのコピーが配られ、陣営が必死のお願いを繰り返していた。選対本部長の市議・田野井一雄が「土石流が押し寄せている」と声を上ずらせると、菅の元秘書で市議の渋谷健も「政権交代という四文字の暴風雨の中、本当に厳しい選挙だが、この選挙区は絶対に守ってください」と絶叫した。

下馬評では優勢が伝えられた菅の苦戦は、自民党惨敗を予期するのにあまりあるものだった。

46 惨敗

開票直後に白旗宣言

長らく政局の表舞台となってきた自民党本部。選挙結果を予期したかのように、開票作業が始まる午後8時を待たずして、その9階建ての外壁には激しい雨が容赦なくたたきつけた。

衆院選投開票日の8月30日。4階の一角、自民担当の記者が詰める「平河クラブ」には「開票速報場」が設けられ、カメラがずらりと並んだ。その後方には身動きが取れないほど多数の記者たちが集結。党幹部を待ち受けていた。

自民党選対副委員長の菅義偉は顔をこわばらせながら、報道陣の熱気でじっとりとした会場に姿を現した。その5分後の午後8時、テレビ各社が一斉に獲得議席を予想し「政権交代確実」などと報じると、記者団からはどよめきが起こる。直後のNHKや民放の生中継で、菅は「真摯に受け止めたい」「自民党が国の未来を描き切れなかった」。あっさりと白旗を上げざるを得なかった。

開票開始の時点で、姿をみせた党幹部は菅だけ。劣勢から直前になって出演を辞退し、地元にこもる幹部もいたためだ。

カメラが並んだ自民党本部の「開票速報場」。候補者一覧に張り付けられたバラは日付が変わってもまばらのままだった
＝2009年８月31日午前０時ごろ

首相の麻生太郎は午後10時ごろに党本部入り。「積年の不満をぬぐい去ることができなかった。宿命として甘受する」と敗戦の弁を述べた。

ひっきりなしのテレビ出演を続けていた菅だったが、自身の選挙区でも厳しい戦いを強いられていた。菅が控えていた党本部の自室から歓声が上がったのは、日付が変わった午前0時すぎ。５４８票差の薄氷の勝利だった。

菅は地元事務所にいた選対幹部に連絡を取り謝意を述べたが、その後もテレビに出続け、「これだけの敗北。党改革をやらなければ」などと語り、険しい表情を崩すことはなかった。

会場に設置された候補者一覧のバラの数は結局、まばらのまま。自民党の獲得議席は１

１９にとどまった。過去最低だった１９９３年の２２３さえ下回り、55年の結党以来初めて衆院第１党の座を明け渡した。民主党は単独過半数を大幅に上回る３０８議席を獲得。政権交代が実現した。

47 壊滅

王国も陥落で沈滞

「いやぁ会長が残ってくれたよ」。投開票日から日付が変わった8月31日午前0時15分。自民党選対副委員長で県連会長を務める菅義偉にようやく当確が打たれると、横浜市中区の党県連事務所に詰めていた地方議員の1人はこの夜初めて笑顔をみせた。一安心したのか、別の関係者はやっと夜食に手を伸ばした。

開票速報が始まった午後8時、舌打ちと深いため息から始まった県連内の沈滞ムード。菅の当選が決まり、一瞬安堵の空気が流れたものの、すぐさまどんよりとした雰囲気に後戻り。役員室の閉ざされたドアからは「もう、あきらめるしかない」。たばこの煙とともに嘆き声が漏れ出た。

歴史的大敗を喫した自民党。県連も壊滅的な打撃を受けた。18小選挙区中、16議席を獲得した前回とは打って変わり、今回は民主党に14議席を奪われた。

「王国」も陥落。前衆院議長の河野洋平から後継指名を受けた牧島かれん（17区）、3代目の政治家となった亀井善太郎（16区）は、いずれも民主党新人候補に敗れ、比例復活もかなわなかった。前回選挙で全国3番目の得票を集めている行革担当相の甘利明（13区）

自民党惨敗を伝えるテレビを見ながらぼうぜんとする自民党県連幹事長の竹内英明（左）ら県連幹部＝横浜市中区の党県連

や、首相・麻生太郎の最側近として官房副長官を務める松本純（1区）でさえ、小選挙区で敗北するほどの完敗ぶりだった。

10年間連立を組んできた公明党も、県内で唯一候補を立てた上田勇（6区）が涙をのみ、党県本部重鎮の県議・益田駿は「4年前と逆のことが起きた」と淡々と述べるしかなかった。

結局、小選挙区で勝利したのは菅のほか、河野太郎（15区）、元首相・小泉純一郎の次男進次郎（11区）の3人だけ。2期目を目指した6人の若手は、軒並み永田町を去ることになった。河野は当選後の取材で執行部批判を繰り返し、「若手のチームリーダー」として唇をかんだのだった。

「当然の結果だが、能力ある若手が自民党というだけで話を聞いてもらえなかった。それなのに審判を受けるべき派閥領袖が比例復活するのかよ、若手に譲るべきだ」

48 処遇

投票前から「新聞辞令」

民主党が総選挙で圧勝し、政権交代が確定した8月30日夜。藤井裕久は選挙特番への出演で、テレビ局を「はしご」していた。

選挙戦でも論点になっていたマニフェスト（政権公約）とその財源。藤井は子ども手当や公立高校の授業料無償化の早期実現を誓い、「できなかったら、われわれはそっぽを向かれる」と力説した。

ある番組では女性キャスターから「埋蔵金と無駄の絞り出しだけで本当にできますか」と指摘を受けると、「必ずできる」と断言。

キャスターが「毎年やることなんですよ」と割って入ると、「必ずできる。なぜかというと、われわれが道路の特別会計を暴いたら金貸し業をやっていることが出てきた。公益法人をつくり、国土交通省の天下りをさせ、金貸し業をやり、高給を食み、多額の退職金をとっている。特別会計に、ものすごい問題がある」。

「自民党は『会計検査院が検査している』と言うが、会計検査院の検査は現状を前提にした経理基準の話だけ。道路の特別会計で金貸しをやるのは駄目なんて言わない。（政権公約が）できなかったら、政権交代なんてしない方がいい」と口角泡を飛ばした。

民主党の比例単独候補として南関東ブロック35位に登載された藤井自身の当選も確定。衆院議員として7期目を迎えることになった。

ある選挙特番では、ジャーナリストの田原総一朗が「財務相になるんでしょ」。藤井は「違います」と述べたが、田原は「なるよ。あなたは官房副長官になりたいと言っていたが、そんな余裕はない」と続けた。

公示前日の17日、鳩山由紀夫は党首討論会で、「官房長官、財務相、外相は政治家を起用したい」と表明。直後に鳩山の意向を受けた引退撤回が判明したこともあり、藤井の処遇には耳目が集まっていた。

投開票の1週間前には、「『鳩山政権』注目の閣僚構想は　菅官房長官　藤井財務相　岡田外相」（8月23日、産経新聞）などの見出しが躍った。だが、田原の発言通り、藤井が望んでいたのは官房副長官。それも、事務の副長官であった。

49 副長官

政権運営の要諦見る

総選挙の投開票前から財務相として名前が浮上していた藤井裕久。しかし、「民主党のために生涯を尽くす」と述べていた藤井が望んでいたのは、事務担当の官房副長官だった。

官僚機構の仕切り役となる事務副長官は、旧内務省系の事務次官・長官経験者が起用されるのが通例。後藤田正晴（元警察庁長官）、石原信雄（元自治事務次官）、古川貞二郎（元厚生事務次官）らが代表例だ。

1972（昭和47）年に発足した田中角栄内閣。前任の佐藤栄作内閣で、官房長官の秘書官に大蔵省派遣で任命された藤井は、引き続き官房長官秘書官を務めた。このとき、事務の官房副長官に就いたのが後藤田。

田中は、自身がかなえたいと思う政策の実現に必要な法的検討を後藤田に指示していた。後藤田はこれを受け、各省の最高幹部級ではなく若手の課長や課長補佐らを集め検討させた。いわゆる「後藤田学校」である。

後藤田は検討結果を踏まえ、自らが主導する事務次官会議に諮った。激しい抵抗に対し、後藤田はこう言った。「総理の指示に反するので、これ以上言うなら君、辞めてくれたまえ」

結局、辞任した次官は皆無。後藤田学校での協議に参加する一方、事務次官会議での後藤田の手綱さばきも目の当たりにした藤井は、官僚機構を取り仕切る政権運営の要諦を見た。

それゆえの事務副長官志望。政界からの引退を表明していただけに、民主党政権を「官」の立場で支えたいという意味合いもあった。

藤井が副長官への思いを語りだしたのは小沢一郎の党代表時代の2月ごろ。小沢内閣の誕生を前提としていた。小沢の「知恵袋」と言われる元参院議員の平野貞夫が首相秘書官となり、ともに内閣を支えたいというのが藤井の官邸構想で、平野にも伝えていた。

そうした思いを超え、「重要閣僚」や「財務相」として藤井の名前が取りざたされた。しかし、官房長官・平野博文、外相・岡田克也、副総理兼国家戦略担当相・菅直人が9月5日までに内定する一方、藤井の処遇は表明されなかった。

憶測が、飛び交い始めた。

50 憶測　内定報道の一方で

外相・岡田克也、副総理兼国家戦略担当相・菅直人などの主要閣僚人事が内定する中、藤井裕久の処遇が表明されなかったことを受け、憶測が飛び交い始めた。

「小沢氏周辺は『小沢氏は藤井氏が代表辞任で動いたことを怒っている』と指摘。（中略）財務相の調整難航は『藤井氏の処遇をめぐる小沢氏の横やりか』との憶測が広がっている」（9月7日、毎日新聞）

西松建設の巨額献金事件で小沢一郎の秘書が逮捕・起訴されたことを受け、藤井が代表辞任論を唱えたことに小沢が反感を持ち、財務相人事が難航しているという憶測だ。

国会人事では衆院議長に前副議長の横路孝弘が内定。民主党内では、同じ副議長経験者で当選回数の多い渡部恒三を推す声もあった。渡部も西松事件の際、小沢辞任論を唱えた。議長人事の延長線上で、財務相人事が語られることもあった。

共同通信は12日、「最大の焦点は藤井最高顧問を軸に調整が進んできた財務相ポストの行方。幹事長に内定した小沢代表代行側が慎重意見を示したとされ、人事全体の足踏み状態につながっているとの見方が強い」「小沢氏周辺からは『官僚出身者が古巣で大臣になると改革できなくなるというのが小沢さんの考えだ』との声が出ている。西松事件の際に辞任論を唱え、小沢氏の反感を買ったことも背景にあるとされる」などとする記事を配信した。

首相指名選挙前日の9月15日夕、民主党は衆院選後初の両院議員総会を開き、小沢の幹事長就任を正式決定。閉会直後から鳩山由紀夫は内示を始めた。

川端達夫、赤松広隆、千葉景子…テレビの速報は相次いで新閣僚の名を打った。だが、午後10時ごろになっても、藤井の内定は報道されなかった。

この晩に開かれた民主党国会議員のある会合では、携帯電話で速報をチェックする議員もいた。「藤井さん、決まらないなあ。やはり、小沢さんが反対しているのか…」との声も漏れた。

しかし、藤井はとうに鳩山から内示の電話を受けていた。両院議員総会直後、午後6時ごろのことだった。

51 伝言

喜寿奔走の真夏の日

総選挙後初の民主党両院議員総会が終わった直後、9月15日午後6時ごろ。藤井裕久は鳩山由紀夫から電話を受けた。

「お願いをしたい」。財務相就任への打診。藤井は先代からの縁などを述べた上で、「おっしゃる通りに致します」と応じた。鳩山はこの際、「口外はしないでください」と語った。藤井はこれを受け、自宅前で待ち構えた記者にも内示を明かさなかった。

他の新閣僚の名前が相次いで速報される中、藤井の内定がなかなか報道されなかったため、この晩も西松事件の際に発した辞任論に絡み、小沢一郎が難色を示しているのではとの「当て推量」が民主党内でも語られた。だが、真相は、藤井自身がかん口令を守っていたことに尽きていた。

それでは、この間に出た「財務相に藤井最高顧問が有力となっているが、小沢氏が難色を示しているとの見方もある」（14日、読売新聞）など憶測は、何だったのだろうか。

小沢に近い人物が、財務省は藤井の古巣であることを挙げ、藤井が財務相に就任すると「財務省支配になる」と語ったのは事実だ。しかし、小沢本人のこの種の発言は確認され

総選挙の応援演説のため、真夏に全国を駆け回った藤井。同日選挙になった横浜市長選でも、市長となる林文子の選対本部長を務めた＝2009年８月16日

ていない。

後に小沢から幹事長代行に指名される参院議員会長の輿石東は、藤井の処遇に小沢が難色を示したとの見方について、「小沢さんはそんなこと言っていない。（他の人物に）言うこともありえない。小沢さんが反対をする理由もない」と強調した。

この夏、藤井は総選挙の応援演説のため、北海道から九州まで文字通り全国を駆け回った。党本部からの指示をすべて受け、一つも断らなかった。中には、小沢の意向をじかに受けた案件もあった。

民主党への「最後の奉公」との思いで、三十数年前に40歳代半ばで参院選の全国区に自身が出馬したときのようなハードなスケジュールを、喜寿を迎えた藤井はこなしていった。

選挙戦最終盤の8月下旬。藤井はある人物を介し、小沢からこんな伝言を受けている。

「すべてをやってくれた。感謝している」

52 派閥

党再生へ脱会宣言

民主党の藤井裕久に、鳩山由紀夫から財務相起用を伝える内示電話があった9月15日夜。自民党選対副委員長の菅義偉も政権交代後を見すえ、始動していた。

午前中に、1人で官邸を訪ね、内閣総辞職を翌日に控えた首相の麻生太郎と約30分間、向き合った。「やはり経済対策が一番大変だったな」。こう振り返る麻生に、菅は「1年間お疲れさまでした」と慰労した。

一区切りつけると、午後9時すぎ、ある決意を胸に、国会近くのグランドプリンスホテル赤坂に入った。足を向けたのは、18日告示の総裁選に出馬の意向を固めた河野太郎を支援する中堅若手の会合だった。

菅は会合を終え、ホテルの車寄せで、秋の気配を運ぶ風に吹かれながら「河野さんを世代交代の象徴として応援したい」と表明。記者団から「自民党の何を変えるべきか」と問われるとわが意を得たりという感じで、「古い体質といわれてますよね。ですから今日、派閥を離脱し、河野さんを応援することを決めてきました」。所属する古賀派からの退会を宣言した。

20人の推薦人を集め、自民党総裁選に初出馬した河野太郎（中央）。
選挙戦では世代交代を訴えた＝2009年９月23日、横浜駅西口

派閥離脱は、選挙以前から決めていたことだった。衆院選前、選対副委員長として勝てる見込みが低い候補者の差し替えを模索したが、領袖の介入で頓挫したことも。派閥の弊害を感じていたからだ。

衆院選後には、「自民党の体質」を敗因に挙げては、「党再生のラストチャンス。ぬるま湯から脱却して本気度を示さなければならない」「派閥で物事を決めることはなくすべきだ」とけん制し続けた。

菅がこんな発言を繰り返すのは、衆院選の結果と無関係ではなかった。若手の多くが政権交代の風に吹き飛ばされたのに対し、派閥領袖や重鎮がしぶとく踏みとどまっていた。

現に総裁選をめぐっても、出馬に意欲をにじませ、最有力候補と目されていた厚労相の舛添要一が元首相の森喜朗や参院のドン・青木幹雄と会談した直後、態度を一変させて不出馬を表明するなど、派閥、重鎮主導の影が見え隠れし始めていた。

53 首班

16年ぶり非自民政権

晴れ渡った空に、小さな綿雲が流れていた。

特別国会召集日の9月16日午前8時半。都内の自宅を出た藤井裕久は玄関前で記者団に、「16年前、自民党を離党し、細川内閣をつくりましたが、残念ながら1年足らずで終わってしまいました。いよいよ本格的な（非自民の）内閣ができることを厳粛に受け止めています」と切り出した。

この朝は8月の総選挙で初当選を果たした民主党の県内新人議員11人も初登院。「大きな役割を果たせるかが問われている」（中林美恵子＝1区）、「浮ついていればすぐ転ぶ。大事にやっていかねば」（神山洋介＝17区）などと議事堂を背にそれぞれ初心を語った。

午後1時4分、衆院本会議が開会。正副議長選挙、首相指名選挙が執り行われ、堂々巡りで議員が演壇上の投票箱に向かっていく。

足元がおぼつかない様子の元首相・羽田孜が演壇を上り下りする際、小沢一郎が脇を抱えて支える場面もあった。１９９３年に自民党を離党した羽田と小沢は、細川内閣誕生の立役者。

総選挙で当選し、国会に初登院した県内の民主党新人議員11人
＝2009年９月16日

２人の関係を決定づけたのは、自民党竹下派の内部抗争を機に92年発足した派中派「改革フォーラム21」。この時、小沢の意を受けて羽田を大蔵大臣室に訪ね、代表就任を要請したのが藤井裕久だった。

羽田と藤井は、葉たばこ農家の政治団体の役員をともに務めた縁で70年代後半から親交を深めてきた。羽田が急用で結婚式の仲人ができなくなって藤井が代役を頼まれ、羽田の妻と仲人役をこなしたという逸話もある。

その藤井は投票の合間、左隣の席の菅直人と何度か会話を交わした。菅は予算の骨格づくりなどを担う国家戦略担当相に内定。藤井は「ぜひ、一体でやりましょう」と語りかけた。

「鳩山由紀夫君３２７」。衆院で3分の2以上となる得票が報告されると、議場内には拍手が響き続けた。鳩山は参院でも過半数を獲得。第93代、60人目の首相に選出された。16年ぶりに非自民の政権が誕生した。

99年に自民党と連立を組んで以降、自民党総裁に投票していた公明党が自らの党代表に投票したことも、政権の移行を象徴していた。

54 衰退

首相指名で混乱露呈

首相指名選挙で民主党の鳩山由紀夫が選出された9月16日の衆院本会議。総選挙で大敗した自民党の席は議長から見て右側から左側に。不慣れな光景に「選挙に負けると寂しい」。選対副委員長の菅義偉はあらためて悲哀を味わっていた。

自民党は、この首相指名で両院議員総会長の若林正俊に投じた。新総裁選出前の緊急避難的な措置だったとはいえ、総裁候補ですらない議員の名前を書くのは極めて異例。鳩山選出で活気づく与党とは対照的に、自民党の衰退ぶりを印象づける結果となった。

さかのぼること約1週間前。党本部では両院議員総会が開かれた。執行部は当初、現職の麻生太郎に投票するよう提案していたが、党内から「A級戦犯に投票できない」との批判が噴出。この日も冒頭、麻生が「すべて私の責任。総辞職とともに総裁を辞任する。一致結束して行動してほしい」と混乱を避けるよう訴えざるを得ない状況だった。

それでも総会は首相指名をめぐり紛糾した。行革担当相の甘利明は「ゼロから出直すという積極的な意思表示」と白紙投票を主張したが、「白紙は自殺行為」との声も。百家争鳴の末、苦肉の策としてひねりだされたのが若林投票案だった。

「世代交代」をめぐる論争も巻き起こった。真っ先に挙手した河野太郎は、中堅・若手による独自候補擁立の壁となっていた総裁選の推薦人について「これだけ議員が減ったのだから20人から10人に減らすべきだ」。これに支持、不支持の声が入り乱れた。河野が推薦人の引き下げを求める動議を提出する異例の展開となったが、賛成は20人程度とあっけなく否決された。

自民党両院議員総会で意見を聞く首相の麻生太郎（右から２人目）と役員ら＝2009年９月８日、党本部

新人4人とともに紹介を受け、永田町デビューを果たした小泉進次郎は先輩議員の議論を聞き、「元気があった。今がどん底。ピンチをチャンスに変え、信頼を得られる政党に生まれ変わる始まりとなった」。父親の純一郎顔負けの前向きな受け止めを披露したが、「党再生」に向けたスタートでのゴタゴタは、その道筋があまりに険しいことを如実に物語っていた。

55 終焉　世代交代の声届かず

18日告示を迎えた自民党総裁選。前外務政務官の西村康稔、元法務副大臣の河野太郎、元財務相の谷垣禎一が立候補し、三つどもえの戦いとなった。

注目を集めたのが、菅義偉のほか中堅・若手の支援によって悲願の出馬を果たした河野の言動だった。共同記者会見では、派閥主導の象徴として元首相の森喜朗を名指しで批判。「古い政治のスタイルが信頼を著しく損ねた」と党の体質改善を訴えた。

翌日の日本記者クラブでの討論会でも白熱した議論を巻き起こした。「みんなでやろうぜの精神を持てば、再生できる」と団結を求めた谷垣に対し、河野は「全員野球には反対。あしき体質をひきずる人をベンチに入れるべきではない」。

これを受け、新聞各紙は主な争点を「世代交代」や「派閥の是非」と報じたが、菅はそんな紙面を見てがくぜんとする。次期首相を決める過去の総裁選と比べ、扱いが格段に小さかったからだ。告示日翌日の1面トップには「補正執行見直し」や「予算編成改革へ」との見出しが躍るなど、メディアの関心はすでに新政権に移っていた。

議員票を当てにできず、世論の支持を背景に党員票を獲得する作戦に出ていた河野も「メディアの扱いが小さいことは、向かい風」とこぼすしかなかった。

投開票日の28日。会場となった党本部8階も「隔世の感」が漂った。歴代総裁誕生の舞台として歴史を刻んできたホールは、党所属衆院議員が激減したこともあり空席が目立った。党員の投票率も5割を割り込み、過去最低を記録した。結局、議員票、党員票に基づく地方票とも谷垣が圧倒。世代対立の火種を抱えながら、自民党は新総裁の下、野党としてのスタートを切った。

自民党総裁選を終え、壇上で握手する（左から）西村康稔、前首相の麻生、新総裁の谷垣禎一、河野太郎
＝2009年９月28日、党本部

「飯を食おう」。菅はこの日の夜、官房副長官を務めた松本純とともに、麻生太郎から誘いを受け、都内のホテルで杯を重ねた。麻生はワイン、酒が苦手な菅は炭酸水を口にした。「きょうから解禁だ」という麻生によるささやかな慰労会だった。麻生に寄り添い、政権の手綱を握った菅の戦いも終焉を迎えた。

56 打破　旧政権との違い鮮明

衆参両院の本会議で首相に選出されたことを受け、鳩山由紀夫は新閣僚への呼び込みを始めた。

副総理兼国家戦略担当相・菅直人、外相・岡田克也、財務相・藤井裕久。県内からは藤井に加え、千葉景子が法相、社民党党首の福島瑞穂が消費者行政や少子化などの担当相で入閣した。

総選挙の直後、藤井は鳩山と会い、人事について四つの点を進言していた。

「民主党はばらまきと言われているので財政健全論者を置かれるといいと思います」「外交の背骨が揺らぐと言われているので背骨のしっかりした人を置かれるといいと思います」。名前は一切述べず、マクロ経済政策のかじ取り役なども重視すべきだと具申した。

組閣には、小沢一郎の意向が影響したとの見方があったが、鳩山は「私が選んだベストメンバー。小沢幹事長にはひと言も言われておらず、すべて私の頭の中でつくった」と否定した。

9月16日深夜、官邸で始まった新閣僚就任会見では官僚が用意した原稿への依存から脱

鳩山由紀夫内閣への入閣が決まり、官邸に入る藤井、千葉景子、福島瑞穂（左から）＝2009年９月16日

却。八ッ場ダム建設中止をはじめ、政権交代を象徴する発言が会見などで相次いだ。

一方で波紋を広げたのは、官僚の会見廃止。知る権利に直結する問題で、メディア側は強く懸念した。

方針の背景にあったのは野党時代の出来事。２００８年1月、総務事務次官が会見で、民主党の主張する道路特定財源の暫定税率廃止に対し、「地方財政に影響を与える。福祉、教育の財源を削らないといけない」と発言。

藤井はこの次官を呼び、「誤解を招く発言は大変心外。公務員は中立でなければならない」と抗議。次官は陳謝したが、今年6月にも民主党が掲げた農家への戸別所得補償制度を農水事務次官が「現実的でない」と批判することもあった。

就任会見で官僚会見の廃止について問われると、藤井は語気を強めた。「私が大蔵省に入った時、最高の行政技術者になれ、政治に関与してはいけない、と習ったが、その基準が破られている。いろいろな形での取材の否定ではない。行政官が省を代表して会見することを許してはならない」

57 始動

政治主導へ走り出す

9月18日午前、鳩山由紀夫内閣は閣議で、今後の財政運営の試金石になる方針と、要となる二つの組織の設置を正式に決めた。

麻生前内閣が編成した2009年度補正予算の見直し（一部執行停止）と、国家戦略室、行政刷新会議の設置だ。

閣議の前には、鳩山内閣が創設した新たな政策調整機関「閣僚委員会」を開催。廃止をした事務次官会議の代わりとなるもので、複数の省庁にまたがる課題を関係閣僚が政治主導で調整、意思決定を行う場だ。

午前9時1分、初開催となる閣僚委員会「補正予算に関する閣僚委員会」が始まった。鳩山、副総理兼国家戦略担当相・菅直人、財務相・藤井裕久、行政刷新担当相・仙谷由人、官房長官・平野博文の5人が出席。補正予算見直しの基本方針を決め、閣議で正式決定をした。

藤井は、閣僚委員会のイメージのヒントを官邸側に与えていた。昭和前期の「五相会議」を引き合いに、「少数での協議に首相に入ってもらい、首相が閣議で発言すればスムーズに決まる」と伝えていた。

初の閣僚委員会の前、藤井は菅に対し、「菅さんは中長期戦略からの予算を言ってください。それを具体化するのが、私たちの仕事です。財務省は並列官庁なので、査定をするにも、物を言うにも限度があります。あなたや仙谷さんはいわば上級官庁なので、そこから声がかかるとやりやすいのです」と語りかけた。

予算の骨格などをつくる国家戦略室と、具体的に予算を編成する財務省とで主導権争いが起きるのではといった憶測があったため、藤井が気を回したのだ。

10月16日、政府は補正予算の見直しで、いわゆる「アニメの殿堂」など、計2兆9259億円程度の事業の執行を停止し、予算を削減すると閣議決定した。

政治的な目標値となっていた3兆円に近い水準を確保し、藤井は「財政的には当初の目標通りになっていると思う。各人が非常に努力してくれた」と評価した。

だが、同じ日に頭の痛い数字が発表される。鳩山内閣が初めて編成する本予算、2010年度予算の概算要求である。

58 原点

概算要求膨張に苦言

「われわれは野党のとき、何と言ってきたのか。今までの予算は水膨れだと批判してきたではないか。その原点に戻らないと駄目だ」

鳩山内閣の発足から1カ月を迎えた10月16日、首相官邸。午前8時32分に始まった閣議の後の閣僚懇談会で、財務相の藤井裕久が閣僚たちに苦言を呈した。

鳩山内閣が編成する2010年度予算の概算要求で、一般会計の要求総額が過去最大の95兆3800億円となった。09年度当初予算比で6兆4900億円もの増加である。

9月29日の閣議では、「各大臣は既存予算をゼロベースで厳しく見直し、要求段階から積極的な減額を行う」などの編成方針を決定。鳩山由紀夫は各大臣に「査定大臣にもなってほしい」と要請していたが、マニフェスト（政権公約）実現のための費用が押し上げる中、既存予算削減額は約1兆3千億円にとどまった。金額を明示せず項目だけを盛り込む「事項要求」も多用され、数兆円規模のさらなる膨張が懸念された。

10月16日の閣僚懇では、国家戦略担当相の菅直人も「切るものを思いきって切った上で、やるべきものに振り替えることが大事だ」と指摘。大蔵官僚から政界に転じ、国家予算と

衆院本会議の開会前、行政刷新担当相・仙谷由人（右）の話に耳を傾ける藤井。左は首相・鳩山由紀夫＝2009年12月４日

半世紀向きあってきた藤井は「役所の権限とはお金。だから、従来のものは根っこできちんと取り、その上で上積みという発想が役所には本能的にある。それを大臣や三役が切り崩していかなければいけない」と説いた。

概算要求の概要は同日夕、財務副大臣の野田佳彦が財務省で発表した。野田はその場で、09年度の税収は当初見積もった約46兆円を大幅に下回り40兆円を割り込む可能性を指摘。10年度税収も低迷必至という情勢認識があらためて広がった。

再び朝の官邸。もう1人の大臣も、概算要求見直しに決意を示した。補正予算の一部凍結でも取りまとめに奔走した行政刷新担当相・仙谷由人。

「行政刷新会議としても概算要求見直しのお手伝いをしたい。民主党が野党時代にやってきた事業仕分けを、公開の場で、外部の視点も入れながら行いたい」

59 盟友

歴史認識と無駄削減

予算の無駄を洗い出す行政刷新担当相の仙谷由人は、財政規律を重視する財務相の藤井裕久とは同志的な職責である。旧社会党出身の仙谷と、自民・新進党などを歩んだ藤井。出自は異なるが、以前から別のテーマでも盟友であった。

2005年6月、民主党は「わが国は先般の戦争の総括を自ら行っていないが、戦争は一部のとんでもない人がやった結果ではない。歴史を振り返り、どこで間違ったかを明らかにしたい」という代表・岡田克也の意向を受け、「日本の近現代史調査会」を設立。藤井が座長、仙谷が副座長に就いた。当時の首相は小泉純一郎で靖国神社参拝などが論点になったが、藤井は歴史観に基づかない議論を危惧していた。「政治の原点は平和」と位置付け、「戦争の悲劇を語ることは大事だが、戦争という悲劇を起こした原因を学ぶ方が大事」と考える藤井は、会の運営に励んだ。

06年9月、小泉後継に初の戦後生まれの首相、安倍晋三が就任。その数カ月前、安倍の叔父で元日本興業銀行頭取の論客、西村正雄が藤井に寄稿文を送った。「次の総理になにを望むか」(「論座」06年7月号)という題の論文で「偏狭なナショナリズムを抑えるのが

藤井の大蔵政務次官就任パーティーであいさつをする田中角栄＝1981年

政治家に課せられた大きな使命」「靖国神社への総理の参拝を正当化する理屈は、国際的にはまったく通用しない」などとつづられていた。

西村は県立湘南高校卒で藤井とは東大法学部などで同期。藤井への手紙には、「予め晋三には手紙で『ここに書いてある内容は君に対する直言であり、故安倍晋太郎が生きていれば恐らく同意見と思うので、よく読むように』と伝えておきました」などと記し、中曽根康弘、宮沢喜一らにも論文を送っていた。西村はこの年の8月急死。国政への遺言となった。

仙谷らとの調査会の講義録をまとめた書籍「歴史をつくるもの」で藤井は、安倍首相就任に、かつて官邸で仕えた田中角栄の言葉を想起したと記している。

「田中さんは『戦争を知っているやつが中心である限り、日本は安全だ。戦争を知らないやつが日本の中核になったとき、怖いなあ』と言っておられました。今、私も同じように感じています。ただし田中さんはその後に、『しかし、勉強してもらえばいいやな』と、言われたんです」

藤井と仙谷。歴史観で通底する2人が、予算削減でも共闘していく。

60 共闘

省をあげて協力態勢

10月19日夜、財務相の藤井裕久は、副大臣、政務官と事務次官ら財務省幹部を自宅に招いた。

一般会計の要求総額が過去最大の95兆3８０億円に膨れ上がった２０１０年度予算概算要求の発表から3日後。財政規律の確保、年内編成の実現、税制改正の取りまとめなどに向け、厳しい季節を迎えた。この晩は孫も含め、藤井の家族が総出でもてなした。

藤井は「みんな元気でやろう。君たちは政治主導の意味をよく理解してくれていて、ありがたい」と謝意などを述べた。さらに、「仙谷（由人・行政刷新担当相）さんとは、よくつきあってほしい」と呼び掛けた。

野党時代から歴史観で藤井と通底する仙谷は、行政の無駄を洗い出す行政刷新会議の担当。事業仕分けによって膨張した概算要求に切り込む予定で、財政健全化を目指す財務省とは同志的な立場にあるが、鳩山内閣の発足に伴って9月に新設されたばかりである。

「財務省は並列官庁、横並びには限界があることは君らも知っているだろう。幸いなことに鳩山内閣は中長期戦略と行政刷新をやる上級官庁をつくってくれた。資料はうちが一番持っているだろうし、人物もいる。これをみんな出そう。出して協力しよう」

藤井は国家戦略室と行政刷新会議への協力をあらためて求め、皆で痛飲。藤井は好物である焼酎のビール割りなどを飲んだ。

行政刷新会議の初会合は22日に設定。仙谷、藤井、国家戦略担当相・菅直人ら政治家の議員に加え、京セラ名誉会長・稲盛和夫、キッコーマン会長・茂木友三郎ら民間の議員の面々も決まった。稲盛は、小沢一郎の進退をめぐって政界が揺れていた5月、藤井が党内の情勢を説明した財界人。小沢の理解者として知られる人物である。

民主党が衆院選マニフェストの「5つの約束」で掲げた「税金のムダづかいと天下りの根絶」。無駄遣いの根絶に向けて大きく動きだす行政刷新会議の第1回会合の前日、もう一方の看板に衝撃を与える事態が起きる。日本郵政の社長人事である。

61 補 選

荒れ模様の初対決

「民間経営者だった西川さんを辞めさせ、天下り禁止と言っておきながら元官僚を社長にさせる。あきれて物が言えない」。10月22日。自民党の菅義偉は、参院神奈川補選に立候補した元横浜市議の角田宏子を従え、上大岡駅前の街頭演説でこうまくし立てていた。

前日の21日、金融・郵政改革担当相の亀井静香が日本郵政社長の西川善文の後任に、元大蔵事務次官の斎藤次郎を起用すると発表した。菅は麻生政権時、「改革の後退になる」として西川辞任論に強く反対した中心人物。補選で民主党を攻めあぐねていた感もあった中、郵政人事に絞って何度も政権批判を繰り返した。

新政権発足後、初の国政選挙として注目された補選だが、自民党は衆院選ショックを引きずったまま、8日の告示を迎えていた。

横浜市内で開かれた出陣式では、角田を擁立した菅が「党再生への第一歩」と支援を呼び掛けた。この日は台風18号が接近。未明から強風が吹き荒れ、通勤時間帯にはJR各線が軒並みストップ。支援者の足にも影響が出て、県連唯一の新人衆院議員・小泉進次郎は「衆院選の逆風に比べればいい天気」と切り返し、笑いを誘った。

一方、元大学院講師の金子洋一を擁立した民主党。川崎市長選の余波で連合が支援を見送ったものの、新政権の弾みにしようと当選したばかりの新人11人が応援に駆け回ったほか、12人もの閣僚が県内入り。政権与党の強みを生かし、総力戦を展開した。

投開票日の25日。衆院選の勢いそのまま、投票箱が閉められるとすぐさま金子に当確が出た。ただ、投票率は28・67％にとどまったこともあり、陣営からは郵政人事などを念頭に「衆院選の余熱で勝っただけ。すでに内閣への視線が厳しくなっている」（ベテラン議員）と不安の声も漏れた。

【左】参院補選で当選が確実となり万歳する民主党の金子洋一
【右】敗戦の弁を述べる自民党の角田宏子

静岡補選にも勝利し、参院の民主系会派が採決時の過半数まで1議席に迫る一方、厳しい視線も注がれ始めた民主。新総裁の初陣を飾れず、いまだ再生への道筋を描けない自民。両党とも不安を抱えながら、翌26日、臨時国会に突入する。

62 友愛

感謝状と所信表明

臨時国会召集日の1週間前、10月19日。財務相・藤井裕久の衆院議員会館の事務所にある人物が訪れた。

全国ハンセン病療養所入所者協議会事務局長の神美知宏（こうみちひろ）。国立ハンセン病療養所の地域開放を可能にする議員立法「ハンセン病問題の解決の促進に関する法律」の成立（2008年）に、超党派の議員懇談会の会長として傾注した藤井に感謝状を渡すための来訪だった。

藤井がハンセン病問題とかかわり始めたのは大蔵省で厚生省の予算を担当していた約40年前。自民党の実力者・二階堂進の指示を受け、国の強制隔離政策のあおりで年金を受給できない患者を救うための給付金制度を創設するために走り回った。それとは別に、全国のハンセン病療養所を訪ね歩いていた。

国の隔離政策の誤りなどにより今なお偏見が残るハンセン病。藤井の療養所訪問は大蔵官僚として初めてだったといい、このとき藤井に水を向けたのは厚生官僚の大谷藤郎。後に公衆衛生分野のノーベル賞といわれるレオン・ベルナール賞を受賞する人物である。

ハンセン病療養所を訪れた藤井。国の隔離政策の誤りなどにより、ハンセン病には今なお偏見が残る。藤井のハンセン病療養所訪問は大蔵官僚として初だったという＝1970年

08年成立の議員立法の基本理念には、国の隔離政策がもたらした被害を可能な限り回復することや、入所者らに対する差別や権利侵害の禁止を掲げた。藤井への感謝状には「画期的な法の理念により私共は将来に光と安心を見いだし、生きる気力を覚えております」などと書かれていた。

09年10月26日。臨時国会が召集され、鳩山由紀夫が首相就任後初の所信表明演説を行った。その中に、こんな一節があった。

「政治には弱い立場の人々、少数の人々の視点が尊重されねばならない。そのことだけは私の友愛政治の原点として宣言する」

演壇右側の閣僚席で藤井は「日本の最高責任者として本当に大事な言葉だ」と思いながら演説を聴いた。

その左手首には、ひびの入った腕時計が巻かれていた。１９７４年、官房長官となった二階堂の秘書官を務めていた藤井が大蔵省へ戻る際に二階堂から謝意として贈られ、35年間愛用し続けている時計である。

63 信頼

新政権の「浮沈」占う

11月27日、2010年度予算の概算要求から無駄を洗い出す行政刷新会議の「事業仕分け」が9日間の作業を終えた。

予算削減や基金の国庫返納要求など仕分けの結果をそのまま反映した場合の捻出額は約1兆8千億円（共同通信集計）。全面公開やインターネット中継などにより注目を集め、終盤の傍聴者は初日の4倍以上に及び、受け付けを省いて対応する場面もあった。

行政刷新担当相の仙谷由人は「日常会話が税金の使われ方で持ち切りになったことは日本の政治と行政を大きく変えるだろう。究極の民主主義だ」。自民党のプロジェクトチームで昨年から事業仕分けに取り組んできた河野太郎は最終日に視察し、「正直、うらやましい。僕らがやったときは反乱軍。メディアもこんなに来なかった」と語った。

直後の共同通信の世論調査でも、今回の事業仕分けを「評価する」が77・3％、「来年度以降も継続すべき」が83・6％との結果が出たが、削減目標の3兆円には届かず、空前の税収低迷なども相まって予算編成には難題が立ちはだかる。9月に方針を決めた10年度予算の年内編成も、国民新党に振り回される形で09年度第2次補正予算の編成作業が遅れたことなどにより、厳しい日程になった。

12月8日午前、財務省。藤井裕久は閣議後会見で、「政権が代わったからこそ、年内編成は非常に大事。やり遂げる」と強調。10日ほど前の会見でも「本格的な非自民政権ができたときこそ、年内編成が信頼を得る重要な道だ」と力説した。

耳目を集めた行政刷新会議の事業仕分け。「廃止」や「予算計上見送り」が相次ぎ、予算編成に対する国民の関心が高まった＝2009年11月13日

藤井が政治の要諦としてしばしば語る「信頼」。10月13日の第1回財務省政策会議では、昭和初期の金融恐慌を鎮め、世界大恐慌からの脱出にも成功した高橋是清に触れ、「金解禁をやめることなど彼は具体的なことしか言わず、それを全部やったから信頼された。彼から学ぶべきところの一番目は、経済を良くするのは政治の信頼だということだ」と声を強めた。

新政権の浮沈に直結する「信頼」。大きな判断材料となる予算編成作業が、大詰めを迎えた。

64 再生

党内改革の先頭に

底冷えの12月9日早朝、自民党の菅義偉は横浜市営地下鉄下永谷駅前に立っていた。政治活動の原点である恒例の街頭演説。この場所は、首相だった麻生太郎が解散を宣言し、「真夏の決戦」が決まった7月13日の朝にもマイクを握っていた場所だ。半袖シャツだった当時とは打って変わり、オレンジ色のネクタイに黄色のブルゾン姿。何より立場が与党から野党に変わった。

「自民党再生には、なんとしても世代交代、党の体質改善。その改革の先頭に立ってがんばります」。1時間半にわたる訴えで、時間を割いたのは政権批判よりも、むしろ身内の再建に向けた決意だった。

耳目を集めた新政権下での「事業仕分け」。菅は「自ら出した概算要求を自分たちで否定してみせる。単なる政治ショー」と冷ややかにみていた。日本郵政社長人事を追及した約1カ月前の衆院予算委員会では、金融・郵政改革担当相の亀井静香を怒鳴りつけるなど政権と角を突き合わせた。

「外交や経済、国の基本的な政策の認識が不足している」。民主党政権への危惧を募らせるが、それでも街頭で自民党改革の必要性を繰り返すのは、危機感の裏返しにほかならない。

「全員野球」を掲げる谷垣体制が発足し、党が再出発してから2カ月半。だが菅は執行部批判を公言してはばからない。「旧態依然の年功序列、派閥均衡。悪い部分を一掃しきれていない」。このままでは「民主党の支持率が下がっても、その受け皿となり得ない」とみるからだ。

菅（中央）や舛添要一（左から２人目）ら谷垣執行部に批判的な議員らが発足させた「経済戦略研究会」初会合＝2010年２月17日、自民党本部

「政権与党の権力は野党の1千倍もある」と語ったのは衆院選前のある講演会だった。それだけに大力と対峙する側に立った今、その目には党内の荒療治が不可避と映る。「国民から自民党は変わったと思ってもらわなければ」。「世代交代」を掲げ、勝負どころに位置づけるのは来夏の参院選よりも次の党総裁選だ。

時節よりも一足早く厳冬を迎えた自民党。衆院選で大敗を喫した「参謀」は、春風を吹かす「仕掛け」に打って出る。戦いは始まったばかりだ。

65 本領 捕手人生を朗々と

「何を飲むかい」「何でもいけます」「じゃあ、賀茂鶴からやろうか」

11月10日夜、都内。財務相・藤井裕久と米財務長官・ガイトナーの日米財務相会談。9月の米国、10月のトルコに続く会談は、夕食会の形式で行われた。

藤井は「賀茂鶴は、僕らの先輩の池田勇人さんの地元・広島の酒なんだ。池田さんは占領下に1ドル＝360円が決まったとき（1949年4月）の蔵相で、『このレートなら日本経済は立ち直れる』と言ったんだ」。

レートは、日本側の予想以上の円安。米ソ対立が激化する中、日本を工業国として復興させ、西側陣営の拠点にするという米国の思惑を反映していた。

「あれで日本の経済は立ち直った。そのことは感謝している」という藤井に、ガイトナーは「そう言われて、うれしいよ」。日米財務相の関係はとても良好だ。

「菅（直人）さんの言っていることは正しい」。藤井はしばしば、こんなふうに仲間を引き立てる。一方で看過できぬと見るや、「行政刷新会議の方針に沿って見直しをしていない。極めて不十分」と別の閣僚を叱責、財務省には「刷新会議の下請けでいいんだ」と言い含める。「政権を安定させたい」という一心からだが、一歩下がりながら、仲間をもり立て、時に引き締める姿は、何かと重なる。

「大臣はキャッチャーだったんです」。11月の日米財務相会談では、藤井が学生時代に捕手だったことを日本側の出席者が紹介。ガイトナーは「キャッチャーは全体をよく見る。財務相として、強みだ」と語った。

東大野球部時代、藤井が支えた投手は弱視で、ノーサインでの捕球を求められた。それでも黙々とミットを構えるうち、どんな球でも捕れるようになった。

政府税制調査会の税制改正大綱の答申を手渡し、鳩山と握手する藤井＝2009年12月22日

空前の税収減、綱渡りの予算年内編成、積極財政を求める国民新党…。時に荒れ球さえ飛び交う中、藤井は12月11日も財政規律維持に向け、概算要求の削減要請を菅直人、仙谷由人とともに行った。新政権への信頼確保に腐心する藤井裕久が、「キャッチャー人生」を歩み続けている。

追走

藤井裕久、財務相辞任

2010年、新春早々、政界に激震が走った藤井裕久の財務相辞任。藤井は「体調不良」が理由と説明したが、民主党幹事長・小沢一郎との確執が原因では、などという憶測の報道が相次いだ。辞任から4カ月。神奈川新聞の取材に対し、藤井が真相を詳述した。

09年12月23日、天皇誕生日。宮中行事に出席した後、藤井は官邸に出向き、官房長官の平野博文と相対した。

「もう、体が持たない」。初めて辞意を明かした藤井に、平野は「今辞められたら、困ります」「総理には、言えません」。

藤井はその後、周囲のごく一部にも辞意を伝えた。「ギリギリやった。これ以上は無理だ。民主党は役人と敵対するんじゃないかとか、バラマキじゃないかという指摘への、答えは出せる。この予算で、軟着陸できる」。1人は、涙を流しながら慰留をした。

当時は10年度予算編成作業が大詰めを迎えていた。鳩山内閣が秋に決めた年内編成方針は日程的にタイトになっていたが、藤井は「25日に絶対できる自信があった」。それゆえ、このタイミングで辞意を伝えたのだった。

年明けの1月5日午前、首相官邸。検査のための入院先から出てきた藤井は、閣議後に首相の鳩山由紀夫と2人だけで約15分間向き合った。

「威一郎先生（鳩山の父）は75歳でお亡くなりになり、一郎先生（鳩山の祖父）は76歳でお亡くなりになりました。私は、77歳ですよ」

鳩山は「官房長官を呼んで、もう一回相談をしましょう」。

午後。鳩山、藤井は再び会い、平野が加わった。慰留に対し、「ここで続けて途中で倒れたら、鳩山内閣にとって、もっと失礼なことになる」と藤井。「財務相を辞めても、必ず鳩山内閣を支えます」と続けた。

だが、「体調不良」という藤井の説明にもかかわらず、小沢や菅直人との確執、鳩山への失望があったのでは、などといった報道が相次いだ。藤井は「いずれも、まったくありえない話。完全なる誤報で、虚報だ」。

マニフェストの一部変更などを盛り込んだ予算要望を小沢が行ったことへの反発が要因だったのではとの憶測に対しては、「党内にあるいろんな意見を、小沢さんが抑えてくれた。

あの要望は、天の助けだった。おかげでいい予算ができた」と全面的に否定。むしろ、ある関係者は予算編成の過程について、「（小沢、藤井の2人の間に）意思の疎通があったのではないか」と指摘した。

閣議に臨む藤井、鳩山、菅直人（左から）。藤井はこの後、鳩山に直接、辞意を伝える＝2010年１月５日、首相官邸

それでは、藤井は一体いつ、辞意を固めたのだろうか。実は、9月の財務相就任前から、高齢ゆえに短期間で辞任する意向だった。

「昭和2（1927）年、金融恐慌の中で首相となった田中義一は、自由人になっていた高橋是清＝当時72＝を蔵相に任命した。高橋是清は恐慌を打開するための基本的な方向付けを果たし、40日余りで辞職した。当時の内閣書記官長は、鳩山さんの祖父、鳩山一郎さんだったんだよね」

高橋是清の例を引き合いに出すことを「あまりにも、おこがましい」と思いながらも、藤井は鳩山の側近にこう言って、短期間で辞職する意思を示唆。身を引くタイミングを図っていた。そして、期せずして体調を崩した。予算編成など過度の緊張の下では、血圧が急速に上がる状態になってしまった。

2009年12月25日、鳩山内閣は10年度予算案を閣議決定。公約通りに、年内編成を果たした。「一つの区切りがついた」(藤井)。鳩山政権を支えることを誓いながら、老将は4カ月弱で閣内を去っていった。

政権交代をめぐる主な出来事

政権交代をめぐる主な出来事

（敬称略）

2009年

3月

3日 ▽西松建設からの巨額献金をめぐり、東京地検特捜部が民主党代表・小沢一郎の公設第1秘書を政治資金規正法違反容疑で逮捕。

4日 ▽小沢が党本部で会見。巨額献金事件について、「何らやましいことはない」。「不公正な検察権力の行使という感じを持つ」と検察を厳しく批判し、「起訴はないと信じている」との見通しも示す。

▽定額給付金などの財源を確保するための補正予算関連法が、自民、公明両党など出席議員の3分の2以上の賛成多数により衆院本会議で再可決、成立。

8日 ▽共同通信社が7、8両日実施した全国電話世論調査で、内閣支持率が16・0

%と2月の前回調査から2・6ポイント微増。小沢が「代表を辞めた方がよい」は61・1%。

10日 ▽小沢が会見で、「政権交代のため衆院選で勝利しなければならない。今後の行動はそれを基準に判断したい」と、総選挙に悪影響が出ると判断した場合は代表辞任の可能性を示唆。

24日 ▽西松建設からの巨額献金事件で、東京地検特捜部が小沢の公設第1秘書を政治資金規正法違反の罪で起訴。小沢は「政権交代が最後の仕事だ」と続投を表明。

26日 ▽共同通信社が25、26両日に実施した全国緊急電話世論調査で、内閣支持率が23・7%と前回よりも7・7ポイント上昇。昨年12月から小沢がリードしていた「どちらが首相にふさわしいか」との質問でも首相の麻生太郎が逆転。

27日 ▽2009年度予算と関連法が成立。参院本会議で民主党などの反対多数で否決されたが、予算は衆院の優越規定に基づき成立、関連法は衆院本会議で与党など出席議員の3分の2以上の賛成で再可決、成立。一般会計総額は当初予算ベースで過去最大の88兆5480億円。

29日　▽西松建設の巨額献金事件で小沢の公設秘書が起訴されてから初の大型選挙となった千葉県知事選で、民主党、社民党、国民新党などが推薦する第三セクター元社長が、自民党県議の約半数が支援する元衆院議員の俳優森田健作に敗北。

31日　▽麻生太郎が会見で、経済危機に対応するため２００９年度補正予算案を今国会に提出し、成立に全力を挙げる考えを表明。

4月

3日　▽TBS「時事放談」の収録で、民主党最高顧問の藤井裕久が「(西松事件は)『検察のやり方』と『政治と金』という二つの問題が絡まっているが、峻別すべきだ。政治と金の問題は早く結論を出した方が良かった」と小沢辞任論を展開。

7日　▽小沢、民主党代表就任3周年。

10日　▽政府・与党は景気悪化に対応するため、過去最大の追加経済対策を決定。

12日　▽秋田県知事選で、民主党県連などが支持する候補が、自民党県連などが支持する候補に敗北。民主系候補としては3月の千葉県知事選に続く連敗。

17日　▽自民党の役員連絡会で、世襲候補の立候補制限について否定的な意見が相次ぐ。
20日　▽小沢が地方行脚を本格的に再開。
26日　▽名古屋市長選で民主党が推薦する前衆院議員の河村たかしが自民県連などが支持する候補らを破り、初当選。
27日　▽政府が2009年度補正予算案と関連法案を国会に提出。
29日　▽共同通信社が28、29両日実施した全国電話世論調査で、内閣支持率は29・6%と前回から5・9ポイント上昇。

5月

9日　▽藤井裕久が京セラ名誉会長の稲盛和夫に会い、小沢に対する民主党内の状況を説明。
11日　▽小沢が緊急会見で代表辞任の意向を表明。「自ら身を引くことで党の団結を強め、挙党一致をより強固なものにしたい」
13日　▽週刊紙で女性問題が報じられた官房副長官の鴻池祥肇が辞任。
14日　▽小沢の辞任に伴う民主党代表選に、幹事長・鳩山由紀夫、副代表・岡田克也の2人が正式に立候補を表明。

16日 ▽民主党の新代表に鳩山由紀夫が選出。党所属国会議員による投票結果は鳩山124票、岡田克也95票。

17日 ▽鳩山が党役員人事で、岡田を幹事長、小沢を代表代行（選挙担当）に起用することを決定。

▽共同通信社が16、17両日実施した全国緊急電話世論調査で、内閣支持率は26・2％。「どちらが首相にふさわしいか」との質問では鳩山が麻生を上回る。

21日 ▽国会議員の世襲制限を目指す自民党選対副委員長の菅義偉ら有志が議員連盟を設立。河野太郎が会長に就任。

24日 ▽さいたま市長選で民主党県連が支持する元県議が現職らを破り、初当選。鳩山が初陣飾る。

27日 ▽麻生と鳩山が党首討論で初対決。巨額献金事件や2009年度補正予算案をめぐり激しい応酬を繰り広げた。

29日 ▽2009年度補正予算が衆院の優越により成立。麻生は「関連法案が成立しないと（予算）執行で支障が出る」と解散は補正関連法成立後との認識を表明。

6月

2日 ▽自民党は、次期衆院選からの導入が検討されていた新人の世襲候補の出馬制限について、次々回からとする方針を固めた。元首相の小泉純一郎の次男進次郎らは次期衆院選で公認される見通しに。

12日 ▽総務相の鳩山邦夫が日本郵政社長・西川善文の更迭要求が受け入れられなかったとして、辞表を提出。麻生が日本郵政人事の混乱を理由に事実上、更迭した。

14日 ▽千葉市長選で民主党が推薦した元市議が自民、公明党が推薦する候補らを破り、初当選。

▽共同通信社が13、14両日に実施した全国緊急電話世論調査で、内閣支持率は17・5%と前回から8・7ポイント下落。不支持率は10・4ポイント増の70・6%。

19日 ▽西松建設の巨額献金事件で、政治資金規正法違反などの罪に問われた同社前社長の初公判。検察側は公共工事の談合で小沢一郎の事務所の意向が「天の声」とされ、業者選定に影響力を及ぼしていたと指摘した。

23日 ▽自民党選対委員長の古賀誠が宮崎県知事の東国原英夫に衆院選への出馬を要請。東国原は「総裁候補」を条件とした。

25日 ▽麻生が会見で、衆院解散は「そう遠くない」。

28日 ▽横須賀市長選で無所属の元市議・吉田雄人が、元首相の小泉純一郎らが支援した現職の蒲谷亮一らを破り、初当選。

30日 ▽麻生は党役員人事と閣僚の補充人事について「しかるべき時にしかるべき方をと前から考えてはいた」と検討を進めていることを初めて明らかにした。

▽鳩山由紀夫が会見で、政治資金収支報告書に記載の個人献金者が献金を否定したり、故人が含まれていた問題について、虚偽記載は2005~08年の4年間で約90人で193件、総額2177万8千円に上ると表明。

7月

1日 ▽麻生は党役員人事を断念し、閣僚の補充人事のみを実施。

3日 ▽総選挙の前哨戦とされる東京都議選が告示。

4日 ▽共同通信社が3、4両日に実施した全国緊急電話世論調査で、内閣支持率は23・4%と前回から5・9ポイント上昇。不支持率は9・7ポイント減の

60・9%。
5日 ▽静岡県知事選で民主党などが推薦する経済学者の川勝平太が、自民党や公明党が推薦した前自民党参院議員らを破り、初当選。
8日 ▽イタリア・ラクイラで主要国首脳会議（G8サミット）開幕。
10日 ▽麻生がサミットを終え記者会見し、衆院解散について「判断の時期が近づいている」と述べた。
12日 ▽都議選で、民主党が自民党に代わって初の都議会第1党に。
▽麻生が周囲に早期解散の意向伝える。
13日 ▽麻生は21日にも衆院を解散し、衆院選を「8月18日公示─30日投開票」の日程で実施する方針を表明。
14日 ▽参院で首相問責決議を可決。衆院では内閣不信任決議案を否決。
▽自民党選対委員長の古賀が党総務会で、地方選敗北の責任を取り辞意を表明。
16日 ▽麻生の衆院解散方針に反対する自民党元幹事長の中川秀直らは、両院議員総会開催を求めて署名を提出。
17日 ▽自民党幹事長の細田博之は中川秀直らが総裁選の前倒しを視野に要求してい

た両院議員総会は開催せず、両院議員懇談会を開くと発表。正式な議決機関である総会開催が見送られたことで、21日解散が決定的に。

19日 ▽自民党津島派会長で党税制調査会長の津島雄二が引退表明。

▽共同通信社が18、19両日に実施した全国電話世論調査で、内閣支持率は20・6%。比例代表の投票先は民主党36・2%、自民党15・6%。

21日 ▽衆院解散。神奈川県内では、元首相・小泉純一郎、衆院議長・河野洋平、前文部科学相・鈴木恒夫、民主党の岩國哲人が勇退。麻生は自民党両院議員懇談会で、涙で声を詰まらせながら「願いは一つ。全員そろって帰ってくること」。

▽自民党の山内康一が離党届を提出。

25日 ▽麻生は横浜市内の会合で「高齢者は働くことしか才能がない」と述べた。直後の講演で「誤解を与えたようだ」と釈明。

27日 ▽民主党が衆院選マニフェスト発表。「国民生活の立て直し」を強調。

28日 ▽横浜市長の中田宏が来年4月までの任期を残して辞職届を提出。市長選が衆院選と同日選の見通しに。

31日 ▽自民党がマニフェスト発表。「責任力」を強調し、経済成長戦略を掲げた。

8月

2日 ▽民主党幹事長の岡田克也が、政権交代が実現した場合、藤井裕久を要職で起用する考えを示唆。

4日 ▽麻生が解散後初めて県内遊説。県連総決起大会や横浜駅前で演説し、「政権選択ではなく政策選択をしてもらいたい」と訴えた。

7日 ▽元新自由クラブ代表の田川誠一が、横須賀市内の特別養護老人ホームで老衰のため他界。享年は91。

8日 ▽横浜市長選で民主県連が元ダイエー会長の林文子を擁立する方針を決定。

▽新党「みんなの党」が結成を発表。県内からは無所属の江田憲司、自民党に離党届を提出した山内康一、民主党を除名された浅尾慶一郎が参加。

18日 ▽第45回衆院選が公示。全国300の小選挙区と11ブロックの比例代表の計480議席に1374人が立候補。政党別では、自民党326人、民主党330人で、民主党の候補者数が初めて自民党を上回った。藤井裕久は比例南関東ブロックから出馬、引退を撤回。

30日 ▽衆院選が投開票。民主党は単独過半数を大幅に上回る308議席を獲得し、政権交代が実現。自民党の獲得議席は119で、過去最低だった1993年の223も下回り、55年の結党以来初めて衆院第1党の座を明け渡した。

▽横浜市長選が投開票。民主党が推薦した林文子が、自民党と公明党が実質支援した中西健治らを破り、初当選。

9月

8日 ▽自民党が両院議員総会を開き、首相指名選挙の対応を協議。紛糾の末、両院議員総会長の若林正俊に投票する方針を決めた。

9日 ▽民主、社民、国民新3党が連立政権樹立で正式合意。

15日 ▽民主党が衆院選後初の両院議員総会を開催、小沢一郎の幹事長就任を正式決定。

▽自民党の菅義偉が所属する古賀派からの退会を宣言するとともに、総裁選で河野太郎を支持する考えを正式表明。

16日 ▽特別国会が召集され、首相指名選挙で鳩山由紀夫を第93代、60人目の首相に選出。藤井裕久が財務相、千葉景子が法相、社民党党首の福島瑞穂が消費者行政や少子化などの担当相として入閣した。

18日 ▽鳩山内閣は、麻生前内閣が編成した2009年度補正予算の見直しと、国家戦略室、行政刷新会議の設置を正式に決定。

▽自民党総裁選が告示。前外務政務官の西村康稔、元法務副大臣の河野太郎、元財務相の谷垣禎一が立候補した。

28日 ▽自民党総裁選が投開票。谷垣を新総裁に選出。

29日 ▽政府は閣議で、2010年度予算を年内に編成することなど、予算編成方針を決定。鳩山は各大臣に「査定大臣にもなってほしい」と要請。

▽自民党総裁の谷垣は新執行部人事を決定。幹事長に元農相の大島理森、政調会長に前農相の石破茂を起用。

10月

8日 ▽鳩山政権発足後、初の国政選挙となる参院神奈川選挙区と静岡選挙区の両補欠選挙が告示。神奈川選挙区補選には、自民党新人で元横浜市議の角田宏子、民主党新人で元青山学院大大学院講師の金子洋一ら4人が出馬。

16日 ▽鳩山内閣は2009年度補正予算の見直しで、いわゆる「アニメの殿堂」など計2兆9259億円程度の事業の執行を停止し、予算を削減すると閣議決定。一方、鳩山内閣が編成する2010年度予算の概算要求で、一般会計の要求総額が過去最大の95兆380億円に。

21日 ▽郵政改革担当相の亀井静香が、日本郵政社長の西川善文の後任に元大蔵事務次官の斎藤次郎を起用すると発表。

22日 ▽行政刷新会議が初会合。行政刷新担当相・仙谷由人、国家戦略担当相・菅直人、財務相・藤井裕久らが政治家の議員に、京セラ名誉会長・稲盛和夫、キッコーマン会長・茂木友三郎らが民間の議員として名を連ねる。

25日 ▽参院神奈川・静岡選挙区の両補欠選挙が投開票。神奈川補選では民主党新人の金子洋一が初当選。民主党は静岡補選でも新人が当選を果たした。

26日 ▽臨時国会が召集、鳩山由紀夫が首相就任後初の所信表明演説。

11月

2日 ▽鳩山は衆院予算委員会で2010年度予算の国債発行について、「44兆円を超えないよう最大の努力をする」と表明。

11日 ▽2010年度予算の概算要求から無駄を公開で洗い出す行政刷新会議の「事

業仕分け」がスタート。

19日 ▽8月の衆院選で神奈川16区から出馬し、落選した自民党前衆院議員の亀井善太郎が政界から引退する意向を正式に表明。3代にわたり国会議員を務め、小泉、河野両氏とともに「王国」として神奈川県内で名をはせた亀井氏の名前が政界から消えることに。

27日 ▽行政刷新会議の「事業仕分け」が9日間の作業を終了。

12月

8日 ▽藤井裕久が閣議後会見で、国の2009年度の一般会計税収が当初の見積額より9・2兆円も落ち込み、63年ぶりに国債発行額が税収を上回る見通しになったと表明。「財政は極めて深刻な状況にある」と藤井。

16日 ▽民主党幹事長の小沢一郎が首相の鳩山に2010年度予算への反映を求める「重点要望」を申し入れ。ガソリン税などの暫定税率は「維持する」とするなど、マニフェストの変更も求めた。

24日 ▽鳩山由紀夫の資金管理団体や関連政治団体の収支報告書に虚偽記載したなどとして、東京地検特捜部は政治資金規正法違反の罪で元公設第1秘書を在宅起訴。鳩山本人は嫌疑不十分で不起訴。

25日 ▽政府が2010年度予算案を閣議決定。一般会計総額は92兆2992億円と過去最大、新規国債発行額は44兆3030億円。マニフェストの一部は予算を削減した。

28日 ▽藤井裕久が静養と検査のため入院。

2010年

1月

5日 ▽藤井が首相に、「過労による体調不良」を理由に財務相を辞任する意向を伝達。首相は慰留。

6日 ▽首相が藤井の辞表を受理。後任の財務相に菅直人を起用する人事を決定。

7日 ▽藤井が神奈川新聞の取材に応じ、辞任理由は体調不良とともに2010年度予算の政府案決定が契機だったことを明らかにした。小沢一郎との確執が原因だったと推測する報道に関しては、「虚報」と全否定。

15日 ▽小沢一郎の資金管理団体「陸山会」の土地購入をめぐり、東京地検特捜部は政治資金規正法違反（虚偽記載）の疑いで、元私設秘書で衆院議員の石川知裕を逮捕。

2月

4日 ▽「陸山会」の土地購入をめぐる収支報告書虚偽記入事件で、東京地検特捜部は、政治資金規正法違反の疑いで告発されていた小沢一郎を嫌疑不十分で不起訴とした。石川知裕らは規正法違反の罪で起訴、立件額は計約20億円。

17日 ▽菅義偉、前厚生労働相・舛添要一らを発起人とした勉強会「経済戦略研究会」が発足。初会合には中川秀直、鳩山邦夫、河野太郎ら国会議員29人が出席。参院選の党マニフェストに「構造改革推進」を織り込ませ、政権奪還を目指す方針を示した。

4月

10日 ▽元経済産業相・平沼赳夫や元財務相・与謝野馨らが、新党「たちあがれ日本」の結成を正式に発表。衆参両院議員5人が参加。

18日 ▽東京都杉並区長・山田宏、前横浜市長・中田宏らが、首長と首長経験者を中心に「日本創新党」を結成すると正式に発表した。

23日　▽自民党に離党届を出した前厚生労働相・舛添要一が、参院議員6人による「新党改革」の結成を正式に発表。

あとがき

必ずや教科書に記されるであろう総選挙で、何を、どう描くのか。歴史の大きな転換点を前にわれわれは迷うことなく、長期連載の軸となる人物を、民主党の藤井裕久氏と自民党の菅義偉氏に決めた。

歴史的な総選挙で、重要な舞台回しをしたこの2人が神奈川の政治家であったことは僥倖であった。連載では、小沢一郎氏の民主党代表辞任、麻生太郎首相の解散戦略など、総選挙をめぐって藤井、菅両氏が果たした役割や、舞台裏の行動の描写に紙幅を割いた。加えて、2人の来歴や信条も、具体的な政治の潮流に織り込ませる形で紹介した。

藤井氏については、大蔵官僚、自民党田中・竹下派という権力の中枢を歩みながら二大政党制の実現を目指して自民党を飛び出した際の心情、官僚時代から傾注してきたハンセン病問題への対応や、歴史観に基づく平和の追求などである。

集団就職で上京した後、地縁も血縁もない中で秘書から市議、衆院議員、閣僚へと上り詰めた菅氏に関しては、「自民党は特別の階級の人たちの政党に見られ始めている」との危機感から、自民党衰退の元凶を世襲とみて党の体質改善に挑んだ姿である。

こうした2人の歩みを振り返ることで、懐の深かった自民党が失っていったもの、国民からかけ離れていった様の一端を、ひいては政権交代に至る過程の一つの側面を描くことを試みた。

また、藤井氏を政界に引き込んだ鳩山威一郎氏をはじめ、尾崎行雄、小泉又次郎、鳩山一郎、田中角栄、後藤田正晴、田川誠一、野中広務、河野洋平、小泉純一郎などの政治家各氏を連載の流れに沿って登場させた。眼前の状況だけを見ていると、関係のないような彼らの思考や行動が、今日の政治状況や政治家の動向に何らかの影響を及ぼし、政治を織り成していると思うからである。

昨年9月から12月までの連載中や終了後、「2人の政治家を丹念に取材し、歴史の節目を浮き彫りにした」などの手紙を読者から頂いた。本紙「紙面拝見」では、元共同通信編集局長の国分俊英氏から「時宜を得た力作」「歴史的な出来事の流れ（中略）などを克明にフォローして読者に提供し（中略）新聞の大事な役割を果たした」などとの評価を頂いた。いずれも身に余るお言葉であり、大きな励みになった。

執筆にあたっては、編集局を挙げて行った総選挙取材のメモ、共同通信の配信などを参考にした。ドキュメントという形式上、敬称は略した。肩書きや年齢などは、当時のものを使用した。この場を借りて、藤井、萱両氏をはじめ、快く取材に応じてくださった方々にお礼を申し上げたい。

あとがき

現在、鳩山政権は首相自身と小沢氏の「政治とカネ」の問題や、米軍普天間飛行場の移設問題で窮地に陥っている。民主党の地方議員からも首相と小沢氏の辞職を求める声が噴出するなど、政権交代が実現した昨夏の熱気は、過去のものとなった。一方の自民党も離党者が続出し、新党が相次いで設立されるなど、参院選を前にして展望が開けていない。

総選挙後、実質的に初の審判となる参院選を控え、再び混迷を深める永田町。その底流を読み解くために今、あの「政権交代の夏」を振り返りながら、連綿と続く政治権力をめぐる攻防を追っていきたい。

2010年5月

神奈川新聞報道部　渋谷　文彦
武田　博音

本書は、2009（平成21）年９月～12月にわたって神奈川新聞にて連載した「政権交代　参謀たちの攻防」に加筆・修正したものです。さらに、藤井裕久氏の財務相辞任についての原稿も加えました。

政権交代の夏　検証・参謀たちの攻防

2010年６月25日　初版発行

編著　神奈川新聞報道部
発行　神奈川新聞社
〒231-8445　横浜市中区太田町２-23
電話　045(227)0850（出版部）
カバーデザイン　神奈川新聞社デザインセンター

Printed in Japan　ISBN　978-4-87645-459-4 C0031